Pesca comercial no Barreiro.

Diagnóstico e fatores críticos de sucesso.

MARCO PAIS NEVES DOS SANTOS

RUI MANUEL LUCAS NUNES

PAULO PIRES MOREIRA

Copyright © 2022

Marco Pais Neves dos Santos	Geógrafo e Historiador
Rui Manuel Lucas Nunes	Engenheiro de Máquinas Marítimas
Paulo Pires Moreira	Economista

Fotografia de capa: embarcações de pesca local amarradas ao cais de acostagem na antiga Doca Seca da CP no Barreiro, em 10 de outubro de 2020 (após as obras de reabilitação).

ISBN: 9798497370065

Edição dos Autores.

Barreiro, 15 de dezembro de 2022

APRESENTAÇÃO

O Barreiro nasceu com o Tejo. Foi junto à área que constituía uma simples póvoa ribeirinha que as primeiras populações se fixaram em casas de chão batido e teto de colmo e era do estuário que retiravam o seu sustento – peixe, moluscos e sal. As ruas, becos e travessas a que atualmente se chama de Barreiro Velho já constituíram o núcleo urbano e o centro do palpitar da vida comunitária da antiga Vila.

Os mais novos não conheceram, os mais velhos recordam com nostalgia e tristeza uma época em que o rio não era visto como uma barreira, mas sim como fonte de identidade que sobrevive na designação "Camarro" – aquele que nasceu e viveu paredes-meias com o rio, o areal e o barro.

A pesca comercial foi central em todo este processo, quer para a fixação das primeiras populações, quer posteriormente para o seu sustento, através dos abundantes recursos que subtraiam do estuário do rio Tejo.

A abundância de recursos esteve muito ameaçada no século passado, o que em grande medida decorreu do impacto negativo das substâncias poluentes de origem antropogénica despejadas durante décadas no estuário do rio Tejo.

A situação tem vindo a ser corrigida, mas está longe de ser a adequada, e, para agravar a situação, surgiram impactos da pesca excessiva e da pesca destrutiva.

Neste trabalho apresentamos de forma concisa a evolução recente da pesca comercial no Barreiro, fazemos o diagnóstico da situação atual, e concluímos com os fatores críticos de sucesso, onde destacamos ações a empreender para mitigar os problemas quotidianos dos marítimos, para alterar a política da pesca de forma a assegurar uma exploração sustentável dos recursos biológicos marinhos que permita a viabilidade do setor a longo prazo, e para mitigar a poluição ambiental resultante da ação antrópica e os efeitos das alterações climáticas, como condicionante à viabilidade do setor.

CONTEÚDO

AGRADECIMENTOS

Agradecemos aos pescadores profissionais do concelho do Barreiro que colaboraram neste trabalho.

1. A IMPORTÂNCIA DA PESCA E DOS PESCADORES PARA GÉNESE TERRITORIAL DO BARREIRO.

José Augusto Pimenta[1] foi, em 1886, um dos primeiros a apresentar uma explicação para a origem e para a denominação do território que hoje corresponde ao Barreiro, indicando que teria sido povoado por pescadores algarvios atraídos pela localização à borda do Tejo, um acidente natural protegido e localizado em frente a Lisboa e que durante o dia operavam na barra de Lisboa, resultando daí a antonomásia "barreiros" (Pimenta, 1886, p. 87-88). Aí teriam construído em madeira, com isolamento e cobertura em palha, umas cabanas junto à praia, onde pernoitavam, e utilizavam o imenso areal para encalhar os barcos e para preparar as artes de pesca.

Nos anos seguintes, esta explicação foi reproduzida e complementada por outros autores, nomeadamente **Alberto Pimentel**[2], que na sua obra "A Extremadura Portugueza" referiu:

> "Foi assim que o Barreiro teve sua origem, graças á situação geographica que favorecia o estabelecimento de colónias piscatorias, attraídas pela visinhança do Tejo e pelo abrigo que offerecia aos pescadores, em occasião de mau tempo, o esteiro que vae desde a ponta do Mexilhoeiro até Coina, e que pode considerar-

---

[1] José Augusto Pimenta (1860-1940) foi historiador, escritor, jornalista e político. Embora natural do Barreiro, exerceu e viveu a maior parte do tempo em Lisboa. É autor da primeira obra sobre a história e origens da localidade onde nasceu.
[2] Alberto Augusto de Almeida Pimentel (1849-1925) foi um escritor, romancista, poeta e dramaturgo portuense (Cedofeita).

se uma doca natural" (Pimentel, 1908, p. 51).

A rua junto à praia onde inicialmente se albergavam os algarvios, e que terá dado origem ao povoado, terá sido originalmente denominada de "rua de Palhaes", em referência a essas primeiras construções em palha. Segundo este autor, foram as pescarias que permitiram o acelerado crescimento da população, porque em 1514 o povoado ainda era uma "aldéa" e em 1571 já aparecia descrito como "bella villa de trezentos fogos" (Pimentel, 1908, p. 51).[3]

Armando da Silva Pais[4] complementa na sua obra "Barreiro Antigo, Barreiro Moderno" (1963), referindo que os marítimos da pesca que tinham os trabalhos mais difíceis e habitavam com as famílias na faixa da praia da Vila do Barreiro, para os lados do largo da igreja da Senhora do Rosário, a poente, eram conhecidos por "*camarros*", e os que residiam para os lados do Largo Alexandre Herculano, (conhecido posteriormente por Largo das Obras), a nascente, e que tinham uma forma diferente de se expressarem verbalmente, eram conhecidos como "calcanhares rachados" (Pais, 1963). Esta conceção do topónimo estar ligado à atividade piscatória para "lá da barra" foi aceite durante muito tempo e tinha subjacente que as atividades ligadas ao rio e ao mar tinham sido desde sempre as mais importantes entre as exercidas pelos barreirenses, e era essa a base do nome da povoação. Conceção que se sustenta, muito provavelmente, numa previsão de Dona Maria I, de 7 de julho de 1787, que refere que a atividade piscatória catapultou o reforço populacional:

> "Faço saber que os Pescadores da Villa do Barreiro, primeiros Povoadores della e os que com os seos interesses, e misteres, a tenhão ellevado ao aumento da Povoação em que se achava me representarão por sua petição (…)" (ANTT – Desembargo do Paço, Côrte, Estremadura e Ilhas, maço 1.149, doc. 20 apud Gonçalves & Valegas, 1992, p. 22).

---

[3] Em 16 de janeiro de 1521 foi concedido Carta de Foral à Vila Nova do Barreiro, por D. Manuel I, quando teria apenas cerca de 750 habitantes (CMB, 2005, p. 9-10). Até àquela data o Barreiro esteve dependente administrativamente da freguesia de Alhos Vedros, que chegou a ser sede de concelho, estendendo-se o seu território concelhio desde a ribeira de Coina a Sarilhos Pequenos (www.jfalhosvedros.pt).

[4] Armando da Silva Pais (1914-1975) foi um jornalista, monógrafo e associativista barreirense autor da obra em 4 tomos "Barreiro Antigo, Barreiro Moderno".

Na década de 1940, **Horácio Ferreira Alves** procurou demonstrar a inanidade da explicação existente da origem do topónimo "Barreiro", da autoria de José Augusto Pimenta, alegando que "Cam(e)", ou a existência de "cames" (campos habitados, casais e aldeias), seria a base primitiva do gentílico barreirense "camaros" ou "camarros".

Na opinião crítica e fundamentada deste investigador, a fundação do Barreiro aconteceu no século VII, ou até em data anterior, portanto, muito antes da chegada dos algarvios, concluindo assim que a origem do nome Barreiro não vinha dos pescadores da barra, mas sim de um povo ou povoado dos barros, quintas ou casais (Alves, 1940, p. 71-82).

No entanto, apesar de defender que a povoação foi criada por rurais dependentes e por alguns pequenos fazendeiros, considerou que a pesca está igualmente na génese da aldeia, e por isso também refere que:

> "(…) cedo se lhe teriam agregado mesteirais de oficios rusticos e individuos autoctonos que exploravam, nos piscosos esteiros do Tejo, a industria da pesca", e, em consequência, desde o início "a sua existencia havia de ter carácter predominantemente rural com reflexos doutras actividades, em especial piscatórias" (Alves, 1940, p. 80).

Fernando Gonçalves e Augusto Pereira Valegas subscrevem semelhante formulação, de que a pesca foi um dos principais suportes do desenvolvimento do Barreiro, mas consideram errado atribuir-lhe os "fundamentos históricos da Vila". Consideram que foi o peso socioeconómico da pesca a partir do século XVII, muito devido à receita gerada pela frota das muletas (zona de entrecabos e rio Tejo), que fez com que "os pescadores perpetuassem no erro histórico de terem sido os primeiros povoadores do Barreiro" (Gonçalves & Valegas, 1992, p. 22).

Perante as várias formulações acerca da génese e denominação do território que procurámos resumir anteriormente, é um facto que os pescadores estão na base do povoamento do território, a par de outras atividades, como a agricultura, mas dúvida permanecerá sobre a sua maior ou menor predominância nos primórdios. A certeza, como bem refere Francisco Câncio, é que neste concelho sempre foi grande o movimento de embarcações de cabotagem e de pesca (Câncio, 1944, p. 80).

A vida na pesca era difícil, o risco era enorme, a rentabilidade era quase nula, e quando havia longos períodos em que as condições climatéricas não permitiam laborar, os pescadores tinham de andar a mendigar. Neste quadro se percebe que havendo oportunidade os pescadores abandonavam a pesca, como aconteceu no processo das viagens e explorações marítimas, com intenção de melhorarem as condições de vida.

Nesse período este território abandonou um pouco o quotidiano de vila piscatória e rural, tendo muitos pescadores passado para a construção naval no núcleo da **Telha**[5], que estava associado à Ribeira das Naus em Lisboa, para a produção de cal e vidro, para o fabrico de biscoitos para abastecimento das armadas, para a olaria (fornos de cerâmica) que abastecia as indústrias localizadas nos novos territórios, e para outras atividades que se implantaram na margem sul do Tejo, onde o leito do rio ganha maior amplitude e onde havia espaço para instalar as grandes indústrias (Nabais, 1989, p. 4-5; 1990, p. 21-23).

Citando a obra "Rota do Trabalho e da Indústria" publicada pela CMB em 2012, em determinado trecho pode ler-se:

> "A Ribeira da Telha (…) foi talvez o primeiro local onde se construíram naus em Portugal e fazia parte do complexo de construção naval do Tejo juntamente com a Ribeira de Lisboa e as tercenas que serviam ambas. No entanto, beneficiava esta Ribeira da Telha em relação à capital de vários fatores, destacando-se de entre eles o facto de se situar junto a uma importante mancha florestal (a Mata da Machada), de onde provinha não só o pinho, mas também o sobro e o azinho, e o facto de se situar na margem sul do Coina, o que conferia uma exposição solar favorável e a mantinha abrigada das tempestades de inverno e dos ventos dominantes".

Com o declínio da expansão marítima portuguesa, o atual território do Barreiro manteve-se como espaço nuclear na ligação a Lisboa e retomou o

---

[5] Refira-se que todas as margens estuarinas do concelho do Barreiro, desde o Lavradio ao Mexilhoeiro e da Praia Norte a Coina, contribuíram durante séculos para a existência de variadas fontes de atividades produtivas, comerciais e de rendimentos das quais as secas do bacalhau da Telha e de Palhais, a real fábrica de vidros e espelhos de Coina ou as antigas fábricas de biscoito de Vale de Zebro são exemplos, sendo que a última contribuiu diretamente para o esforço da epopeia marítima dos portugueses.

ímpeto rural e da moagem de cereais, bem como das pescas, sendo relevante a aposta na faina com a **muleta de tartaranha**, embarcação de pesca caraterizada por fundo largo e chato, adequada às características desta massa de água. As velhas muletas desapareceram no início do século XX[6], substituídas pelos botes de mar alto que foram usados na pesca até ao primeiro quartel do século XX, também eles substituídos por embarcações mais adequadas. Todavia, a importância da muleta na identidade barreirense continua preservada no brasão da cidade.

FIGURA 1 | Muleta do Barreiro vogando em frente aos Moinhos de Alburrica. Fonte: Padrão, 1985, p. 12; CMB, 1999, p. 10. Nota: Pintura de João de Vaz, faz parte do acervo do Museu da Marinha, em Belém.

FIGURA 2 | Antigo pescador barreirense. Fonte: A. Silva Pais, 1963.

O bote "Manuel Joaquim", propriedade de Manuel Joaquim Penim, foi um dos que foi até mais tarde utilizado na pesca, e depois disso, na década de 1930, ainda andou ao serviço do tráfego local, levando caruma de pinheiro (agulhas dos pinheiros depois de secas e caídas no solo) para os fornos de pão de Lisboa, e foi restaurado para integrar a Exposição do Mundo Português de 1940, tendo depois desaparecido. Dois outros botes chegaram até mais tarde na utilização na pesca, o bote "Leão" (assim conhecido porque

---

6 Baldaque da Silva (1891, p. 136), refere que nos anos de 1885/86 já apenas estava em operação uma muleta antiga, tripulada por 16 marítimos, e doze botes e bateis modernos tripulados por 144 marítimos.

tinha um leão pintado no casco), propriedade de Pedro Graciano, tripulado por 9 a 13 homens, mais o arrais, que na maior parte dos anos era João de Pina, e fazia entre 9 e 14 viagens por ano ao Mar da Muleta, e o bote "Grande", muito semelhante ao bote "Leão" (Sousa, 1991, p. 9-12).

FIGURA 3 | Botes de mar alto em preparação na praia Norte do Barreiro (1905). Fonte: CMB.

FIGURA 4 | Pescadores remendam redes de pesca nos passeios da antiga rua de Palhaes, atual rua J. A. Aguiar, Barreiro Velho. Fonte: Barreiro – documentário, 1928.

FIGURA 5 | Botes de mar alto em preparação na praia Norte do Barreiro (1905): a calafetar o barco enquanto secam as redes sobre os mastros. Fonte: CMB.

FIGURA 6 | Botes de mar alto em preparação na praia Norte do Barreiro (1905): a calafetar o barco enquanto secam as redes sobre os mastros. Fonte: CMB.

A adjudicação da construção do caminho de ferro do Sul, em meados do século XIX, cujo primeiro troço entre o Barreiro e Vendas Novas foi inaugurado em 1861, e a abertura da gare ferro-fluvial do Sul e Sueste em 1884 (em espaço conquistado ao rio Coina), viria potenciar o arranque industrial do concelho. O comboio trouxe as mercadorias e as matérias-primas do Sul do país, e em especial do Alentejo – cortiças, depois as pirites – o que, pela proximidade das vias de circulação (o rio Tejo era então um canal privilegiado para receber matérias-primas e para trasfega para a capital), potenciava a localização de várias indústrias no Barreiro. Com o comboio chegou igualmente a população à procura de oportunidades de trabalho mais bem remuneradas e menos sazonais, que se misturou com a população residente, na sua larga maioria ligada às atividades ligadas ao rio. Passou-se de 750 habitantes na primeira metade do século XVI para 4.500 no início da segunda metade da centúria de Oitocentos (Câmara Municipal do Barreiro, 2005, p. 9-12).

A construção dos dois primeiros moinhos de vento na praia da Alburrica foi autorizada em 1852, reforçando uma das atividades económicas primevas de maior relevo neste território: a moagem de cereais. Esta zona de Alburrica, mais tarde, após abandono da produção nos moinhos[7], viria a ser utilizada como abrigo de embarcações e espaço de arrumos de artes de pesca, especialmente dos pescadores que operavam com a arte do tapa-esteiros (a partir deste momento adotamos a designação "cerco" para esta arte por ser a designação mais usada no Barreiro) também conhecida como "armação" e "Estacada" (Câmara Municipal do Barreiro, 2005).

FIGURA 7 | Barqueira barreirense na faina diária na arte do cerco, no início do século XX. Fonte: Padrão, 1985, p. 12. Nota: Pintura reproduzida pela primeira vez na 2ª Série da "Ilustração Portuguesa" de 7 de março de 1910.

FIGURA 8 | Família de pescadores na praia de Alburrica, junto da sua residência e do Moinho de Vento Maior (ou Gigante). Fonte: Leal & Valegas, 1993, p. 42. Fotógrafo: João Bento Pereira dos Santos.

---

[7] Em 1910 já os moinhos de Alburrica estavam abandonados (Padrão, 1985, p. 12).

Em 1906 foi inaugurado o ramal do caminho de ferro do Montijo ao Pinhal Novo, de enorme importância regional e em 1908 começou a laboração da Companhia União Fabril (CUF) na extremidade da ínsula que abarcava os terrenos entre a Praia Norte do Barreiro e a Praia dos Moinhos no Lavradio, a nascente, fazendo do Barreiro em poucas décadas o maior centro fabril do país e posteriormente da Península Ibérica, transformando de forma absoluta a paisagem ribeirinha e o tecido socioeconómico, subtraindo indivíduos às atividades piscatórias aliciados por melhores condições de vida.

FIGURA 9 | Moinhos de Alburrica e estaleiro naval de construção de fragatas. Fonte: Barreiro – documentário, 1928. Cinemateca Portuguesa.

FIGURA 10 | Barco de pesca na praia do Norte do Barreiro (1923), anterior à construção da muralha. Fonte: Nabais, 1987, p. 16. Fotógrafo: Resendes.

É importante notar que os pescadores que utilizavam as antigas muletas e, anos depois, os modernos botes e batéis, encalhavam as embarcações para manutenção e preparação de redes na praia Norte do Barreiro. Ademais, quando a CUF construiu a muralha na zona ribeirinha, os pescadores que se concentravam na zona que a bordejava (atual Avenida Bento Gonçalves, mais conhecida por Avenida da Praia) foram obrigados a voltar para o interior dos meandros do rio, para a zona da Serração, assim designada porque havia uma serração junto ao Moinho Grande (que dava apoio à construção de fragatas em terreno contíguo). A zona da Alburrica e a zona da Serração, foram ao longo do tempo recebendo pescadores que entravam de novo na atividade, pescadores e embarcações que perdiam os seus abrigos em outras zonas ribeirinhas do espaço concelhio, por alterações produzidas pelo desenvolvimento industrial.

FIGURA 11 | Moinho do "Jim" e veleiro em fase de desmantelamento encalhado na Praia Norte, antes da construção da muralha que fez desaparecer o areal onde os barcos encalhavam para reparação das redes. Fonte: Autor desconhecido – inícios séc. XX.

Se os resultados produzidos a nível social (e à fortiori, ambientais) são discutíveis, uma nova pujança a nível económico permitiu a dinamização e desenvolvimento populacional da pequena Vila. O comboio permitiu por exemplo a chegada dos fardos de cortiça vindos dos montados do Alentejo para corticeiras que se estabeleceram no Barreiro.

As fragatas e varinos eram usados como complemento no transporte da cortiça para o porto de Lisboa, a *sea leg*, como hoje se poderia descrever, de uma matéria-prima que seguia o seu caminho depois de transformada em pranchas ou rolhas. Mais tarde foi a vez das pirites de Aljustrel seguirem caminho para se transmutarem em ácido sulfúrico e em adubos fosfatados possibilitando as metalurgias do cobre, do chumbo e do ferro, obtendo-se ainda, através da eletrólise, cobre, prata, e ouro enquanto na viagem inversa eram os fertilizantes sintéticos que eram expedidos.

A classe piscatória estava organizada em confraria, com muitos traços religiosos, o que lhe trazia melhores condições sociais e de saúde (tinha cirurgião próprio) e participava nas vereações camarárias (CMB e Arquivo

Municipal, 2005). Os pescadores prestavam grande devoção a São Pedro, seu orago, e ao Senhor dos Passos, aos quais dedicavam insignes festividades e das quais apenas participava quem se ocupava da vida no mar, o que é significativo do peso económico que estas atividades (marinha mercante, marinha de pesca e tráfego local) ainda detinham no Barreiro no final do século XIX (CMB, 1999, p. 25).

FIGURA 12 | De Vila piscatória a aglomerado urbano-industrial em poucos anos: aspeto das primeiras fábricas localizadas no Barreiro. Fonte: Barreiro – documentário, 1928. Cinemateca Portuguesa.

FIGURA 13 | A Igreja de Nª Sª do Rosário ainda com o segundo torreão por terminar. Fonte: Barreiro – documentário, 1928. Cinemateca Portuguesa.

2. A PESCA COMERCIAL NO BARREIRO NOS ÚLTIMOS SETENTA ANOS.[8]

Em 1946, na Delegação Marítima do Barreiro, estavam matriculadas cerca de duas dezenas de embarcações de pesca local com proprietários/armadores residentes no Barreiro, que empregavam vários encarregados/arrais e camaradas (pescadores). Havia ainda um número não quantificável de embarcações de pesca sem registo ou licenciamento, que empregava muitas pessoas, uma vez que por essa altura não havia a fiscalização que hoje existe.

Os marítimos das comunidades piscatórias do Barreiro agrupavam-se em cinco grupos: uns faziam pesca dirigida a determinadas espécies (charroco, corvina, chocos, amêijoas), outros faziam pesca com arte específica (tresmalho, anzol, candeio, linhas e arrasto), outros dedicavam-se à apanha de plantas marinhas (menos significativo), outros faziam pesca com a arte do cerco e podiam ter ou não várias de enviadas, barcos auxiliares que

---

[8] Este enquadramento foi escrito com base em pesquisa biográfica no fundo local do concelho e nas conversas mantidas com vários homens do mar do concelho do Barreiro, pertencentes às várias comunidades, entre outubro e novembro de 2018, e agosto de 2019: João Augusto Assunção dos Santos, proprietário, armador e arrais de pesca da embarcação "Augusto Santos" (B-734-L), que começou na arte do cerco aos oito anos, Edgar Tristão Branco (alcunha Garinho), proprietário, armador e arrais de pesca local da embarcação "Garinho" (B-805-L), Fernando Jacinto Carvalho Gonçalves, proprietário, armador e arrais de pesca local da embarcação "Estrela da Manhã", registo n.º B-747-L, e Rogério Antunes Pereira Correia, proprietário, armador e arrais de pesca da embarcação "Sol Brilhante" (B-779-L), descendente de várias gerações de pescadores que se iniciou na pesca na arte do tapa-esteiros do seu pai, foi toda a vida pescador e é também Vice-Presidente da Associação de Pesca artesanal – ALA-ALA.

transportavam o pescado capturado à lota e no regresso reabasteciam de víveres a companha (como se designava a designa a tripulação de uma embarcação), e, por fim, os restantes faziam pesca com artes não especificadas no estuário do rio Tejo. Os documentos disponíveis sugerem uma especialização de cada embarcação num determinado tipo de pesca, ou por espécie ou por arte de pesca. Ademais, como se verá a seguir, um grande número de embarcações dedicava-se à pesca à corvina, ao mesmo nível da pesca com a arte do tapa-esteiros, pelo que seria uma espécie muito abundante no estuário do rio Tejo.

As principais artes de pesca utilizadas neste período, a maior parte delas já muito antigas, eram o cerco, o arrasto de vara[9], a rede de emalhar de um pano, o aparelho de anzol (palangre) com anzóis miúdos e grossos, a pesca à jogada, a pesca ao corrico e a chincha[10] (também conhecida por chinchorro). Havia ainda outras mais rudimentares, nomeadamente o remolhão, a pesca à baixa-mar (ou pesca com a mão), a pesca ao cano e a pesca às ramadas. Alguns pescadores provenientes da Murtosa, Aveiro e Figueira da Foz, vinham para o Barreiro para a pesca do charroco. Viviam dentro dos barcos no que era simultaneamente um espaço de trabalho, de comer e de dormir, e pescavam com redes e com pescas de mão (jogadas, que chamavam de "barqueiras").

Quando a Companhia União Fabril (CUF) se lançou na produção assente na indústria química orgânica, inorgânica, metalúrgica e têxtil, que correspondem aos tempos áureos da pesca do cerco, ocorreu um forte êxodo de pescadores para trabalhos diversos ligados à indústria. Muitos marítimos, arrais e pescadores, abandonaram a pesca para se transformarem em massa proletarizada nas unidades industriais ávidas de mão-de-obra ou transitaram para o tráfego local nos batelões da CUF.[11]

---

[9] O "arrasto de vara" era autorizado para a pesca do camarão (*Crangon crangon*), mas também era utilizado para capturer outras espécies, nomeadamente linguados. É uma arte pouco seletiva e por isso mais letal, que era utilizada maioritariamente pelas canoas e buques, embarcações de casco em madeira, de convés fechado, motorizadas, e mais robustas, a que uns chamavam motoras e outros pequenas traineiras.

[10] A chincha era composta por uma rede de arrasto puxada para a praia e que terminava em forma de saco, com o objetivo de reter todo o peixe capturado.

[11] Os batelões eram barcaças de transporte de minério e outros granéis numa época em que as acessibilidades rodoviárias aos centros de produção e de consumo eram

Fica claro que a industrialização foi a primeira responsável pelo fim da predominância das pescas como atividade económica, e também sobremaneira pela deterioração da qualidade das areias das praias, pela poluição da água do estuário e diminuição da fauna e flora (Liberal, 1990, p. 71-73). As espécies marinhas que os pescadores do Barreiro se habituaram a capturar começaram a minguar e em alguns casos foram extintas ou drasticamente reduzidas, por uma ótica desenvolvimentista que ignorava preocupações ambientais ou de sustentabilidade dos recursos naturais, nomeadamente medidas mitigadoras.

FIGURA 14 | Canoa de Redes, propriedade de Rogério Cebola, em frente ao Cabo, em Alburrica. Fonte: CMB, 1999, p. 23.

FIGURA 15 | Pescadores a lavar as redes no Moinho do cerco na praia da Alburrica. Fonte: Curtinhal, 2007, p. 41.

FIGURA 16 | Colocação das varas na baixa-mar, para levantar as redes na preia-mar, vendo-se ao fundo as luzes de Lisboa. Fonte: CMB, 1999, p. 22.

FIGURA 17 | Canoa de paus (varas), auxiliar da canoa mãe do cerco, no Barreiro. Fonte: Costa & Franca, 1984, figura 98.

---

escassas ou inexistentes. Relembre-se que por esta altura apenas existia uma ligação rodoviária que assegurava as ligações entre as margens norte e sul do Tejo: a ponte Carmona, em Vila Franca de Xira.

O topónimo Bico do Mexilhoeiro, onde hoje apenas fundeiam duas embarcações de pesca local profissional (sendo que apenas uma está a operar devido a problemas graves de assoreamento), indica a presença abundante de moluscos, que infelizmente desapareceram devido à poluição do Tejo juntamente com outras espécies, o que colaborou para o declínio da faina piscatória local (CMB, 1999, p. 22-23). Embora o cerco, pela sua rentabilidade, fosse importante para os pescadores do Barreiro, esta arte nunca teve a preponderância que se registou no Montijo. Em parte, a industrialização e o êxodo fabril explicam o motivo pelo qual, após o fim dos botes e batéis modernos da arte da tartaranha no Barreiro, a arte do cerco não tenha obtido vigor equivalente.

O êxodo dos naturais, em conjunto com a instalação na periferia do casco urbano do fluxo inesgotável de trabalhadores oriundos das mais diversas regiões do país, fez com que se deixasse de olhar para o rio da mesma forma que outrora. Se o Barreiro, para o bem e para o mal é resultado da fixação de variadas indústrias e serviços que tomaram a forma de conglomerado industrial - o qual constitui parte da história recente do país - a conjugação de fatores veio definitivamente alterar o tecido socioeconómico e estabelecer um novo *pathos*.

Em 1970 existiam aqui apenas três embarcações de pesca profissional local habilitadas para esta arte, então designados barcos de cerco: (i) o barco "Dois Netos", registo n.º B-456-L, tripulado por dez homens (incluindo o encarregado); (ii) a canoa "Serrador", registo n.º B-458-L, tripulada por sete marítimos (incluindo o encarregado); e (iii) a canoa "Inveja", registo n.º B-61-L, tripulada por seis marítimos (incluindo o encarregado).

Cada barco de cerco, geralmente do tipo canoa, era considerado uma arte. Podiam juntar-se para armar o cerco duas artes, de forma a aumentar a área a cercar. A canoa principal era onde a companha comia e dormia, e era auxiliada por algumas embarcações mais pequenas, duas ou três, que levavam os paus e as redes e serviam de enviadas, as embarcações que levavam o pescado ao mercado e no regresso traziam víveres. Quando eram três canoas de paus e redes, uma marcava lances e duas pescavam, e só no último lance da maré é que pescavam as três canoas. Também existiram canoas de cerco sem qualquer embarcação auxiliar formalmente registada.

As matrículas para a arte do cerco eram realizadas anualmente, entre março e maio, e a licença ia até setembro, podendo o armador pedir posteriormente mais um mês, até outubro, para pescar a enguia. A extensão geralmente era autorizada, até porque nos anos maus de pescado as enguias safavam a época e os vários Delegados Marítimos do Barreiro sempre tiveram sensibilidade para esta questão, até porque, de acordo com a regulamentação existente na área de jurisdição da Delegação Marítima do Barreiro, esta arte podia ser exercida no período entre os dias 1 de março e 31 de outubro. Importa notar que quando o trabalho do cerco se prolongava até ao inverno, era muito difícil lidar com o frio.

FIGURA 18 | Panos de rede de malha miúda utilizados na arte do cerco, no Barreiro. Fonte: Costa & Franca, 1984b, figura 97. **FIGURA 19** | Imagem de contraste: dos panos de redes do cerco à saída da fábrica. Fonte: Barreiro – documentário, 1928. Cinemateca Portuguesa.

O cerco era armado no verão, de maio a outubro, na zona intertidal (entremarés), em dezenas de locais do Barreiro ao Seixal. Consistia na montagem das redes em varas que se espetavam no lodo ou areia (dependendo do fundo na zona). Para o lado em que a água fazia mais força reforçavam a madeira, colocando as estacas mais próximas. Normalmente ficavam a dez metros umas das outras, e nos sítios onde fazia mais força ficavam a cinco metros afastadas umas das outras.

As redes eram semienterradas na areia ou lodo durante a baixa-mar, levantadas e esticadas a bordo de uma embarcação especial, a canoa das redes, durante a preia-mar, e eram amarradas às varas. A título de curiosidade, no Barreiro também se designa o cabo inferior da rede como "arraçal". Esperavam a maré vazar para recolher o pescado que tinha ficado preso junto às redes.

A arte era armada na praia do Alfeite (ou Ponta dos Corvos), nas duas margens do rio Judeu (Seixal), de Amora até Corroios, em ambas as margens do Coina (reborda da Siderurgia e da Recosta, ou borda do Bacalhau), nas praias do Norte e de Alburrica, e no canto da Mercantil, e capturava todo o tipo de pescado, sem distinção ou critério: corvina, enguia, robalo, charroco, safio, tainha, linguado barreirento, lambujinha, camarão mouro, lingueirão, inclusive ostras, entre outros.

Os barcos de cerco começaram por ser movidos pelo vento e à força dos remos, e todo o trabalho na arte, desde a navegação dos barcos, à colocação das estacas e das redes, sua remoção, passando pela captura e escolha do pescado, encaminhamento à lota ou ao mercado e limpeza das redes e canas, era feito de forma braçal. Notar que a maior parte das embarcações eram tripuladas por um ou dois marítimos, sendo exceção as embarcações com três ou mais marítimos.

FIGURA 20 | Moinhos de maré de Alburrica na década de 1950: moinho do Cabo, em frente, e moinho Grande, à direita. Fonte: Nabais, 1992, p. 45. Fotógrafo: João Cabeça de Padrão.

FIGURA 21 | Alburrica na década de 1950. Vista a partir da atual Travessa 9 de abril (antiga Prainha do Cabo Mar), junto ao armazém do Barreiras, à Fábrica do Gaziva e à Delegação Marítima do Barreiro. Fonte: Nabais, 1992, p. 48. Fotógrafo: João Cabeça de Padrão.

FIGURA 22 | Vista da estação ferro-fluvial do Barreiro (Barreiro-Mar) a partir do vapor da carreira de Lisboa. Esta estação, (inaugurada em 1884 e construída com recurso a subvenção pública), assim como o espaço circundante, encontram-se hoje em estado de total abandono. Fonte: Barreiro – documentário, 1928. Cinemateca Portuguesa.

Antes de haver motores, os marítimos passavam uma semana no rio, só vinham a casa ao fim-de-semana. Comiam, dormiam, trabalhavam, e faziam as necessidades a bordo das embarcações. De um modo geral, os moços dormiam na coberta à proa, por serem mais pequenos, e os mestres dormiam à entrada da coberta. A roupa era lavada e secada a bordo, primeiro com água salgada e depois passada por água doce; os pescadores tomavam banho com água salgada, sendo que água doce disponível para tudo que não fosse confecionar alimentos ou para beber era um luxo nesses tempos e o conceito de higiene íntima era praticamente inexistente.

Quando chegavam a terra tinham de dividir o tempo com a família e com o trabalho, pois nesse curto período ainda era necessário preparar água quente com casqueira de pinheiro, mas não a ferver, para mergulhar as redes dentro da caldeira de cobre em cima de uma fornalha para serem "tingidas", que depois tinham de ser retiradas e colocadas a secar por cima de vegetação ou dos mastros das embarcações, processo que visava proteger as redes e assegurar a sua maior longevidade[12]. Era um trabalho cansativo, difícil, e por isso chamavam à arte *"tarrafal"*, em alusão à prisão com o mesmo nome localizada na ilha de Santiago em Cabo Verde, antigo presídio construído pelo Estado Novo para receber presos políticos. Por esse motivo, dificilmente a arte operava em novembro, pela proximidade ao inverno que, numa altura em que aquecimento global[13] não passava de expressão ainda por inventar, se fazia sentir de forma implacável.

Quando fechava a matrícula do cerco, em outubro, os pescadores viravam-se para a pesca no rio com outras artes. No inverno as espécies mais abundantes e rentáveis eram as fanecas e os robalos que se capturavam com redes de emalhar de um pano, as enguias que se capturavam com o remolhão[14] (quando a água começava a encher até à preia-mar nos sítios baixos), os safios e os ratões que se capturavam com aparelhos de anzol (palangre), e o camarão mouro que se capturava com o arrasto de vara, sendo esta a segunda arte de pesca mais utilizada no Barreiro. A rede de emalhar de um pano era construída com fio de linho, e mais tarde passou a ser feita em fio de nylon, e geralmente era utilizada malha de 60 mm. Utilizavam anzóis pequenos para capturar linguado, faneca, enguia e robalo, entre outros, e anzóis grandes para capturar safio e ratões, espécies que nesta altura eram

---

[12] As redes eram por esses tempos urdidas em materiais naturais, nomeadamente sisal, cairo e fio de linho e de algodão.

[13] Os Invernos eram longos e rudes nessa época; chuvosos e frios, eram difíceis de suportar pelos que andavam na faina da pesca.

[14] Remolhão é um dos sistemas artesanais mais antigos que consiste numa agulha comprida onde se vai enfiando minhocas até formar um cordão. É usado para a pesca das enguias.

abundantes e de grande porte.

Faziam ainda pescas complementares. Quando iam pescar ao safio com aparelho de anzol, muitas vezes recorriam a sítios longínquos e tinham de lá ficar à espera, tempo que aproveitavam para fazer a "pesca à jogada", que consiste numa pesca de linhas de mão com dois anzóis junto ao chumbo para captura do safio. Nos ensejos de águas grandes ou marés vivas, no estofo da vazante ou baixa-mar, os pescadores também aproveitavam os terrenos espraidos para na cota mínima da coluna de água acederem aos fundos e às tocas (ou camas) dos peixes para capturarem à mão espécies como a enguia, o safio, o charroco e até o linguado, como se chamava a pesca à baixa-mar.

Iam ao casulo e ao ganso[15] para iscar o anzol miúdo, e quando não dava para ir a este isco iam à tainha para iscar o aparelho de safio. O casulo era pouco, apanhavam mais ganso. Hoje é ao contrário, quase não existe ganso, mas existe muito casulo. Com este isco apanhavam enguias, linguados, robalos, salmonetes, fanecas e outros. Também iscavam com minhoca, mais abundante, mas mais frágil, porque aguenta menos tempo no anzol (desisca mais depressa).

Seis barcos utilizavam a chincha, uma arte clandestina, uma espécie de pequena xávega utilizada nas praias do Barreiro, da Alburrica e do Alfeite, e em todas as zonas ribeirinhas onde existisse areia que permitisse o arrasto da arte para a praia, sem danificar a rede. Esta arte capturava todo o tipo de peixe que estivesse no seu caminho sem precaver a captura de juvenis.

Entre os sistemas de pesca mais rudimentares e mais utilizados, estava a pesca ao baixa mar, praticada quando havia marés grandes, altura em que as águas ficavam muito baixas. Os pescadores deslocavam-se às poças que se formavam nos esteiros e apanhavam o peixe com as mãos, sobretudo as enguias. Sabiam da existência das enguias porque elas abriam dois buracos, um de entrada e outro de saída, conhecidos por "arregoa de enguia". Introduziam os braços um em cada buraco (o de entrada e o de saída) até encontrar e agarrar as enguias. O lodo fendilhado entre dois buracos era tido como um sinal de que havia uma ou mais enguias enterradas. Muitas vezes enterravam no lodo ambos os braços até ao ombro, e ainda batiam no lodo com o nariz.

---

[15] As designações casulo e ganso referem-se a espécies de vermes anelídeos aparentados com a minhoca.

Um outro sistema rudimentar era a "pesca ao cano", que consistia em colocar pequenos tubos/canos por cima do lodo nas poças de água na baixamar, esperavam que a maré enchesse e na vazante iam verificar se alguma enguia se tinha aí escondido. O número de canos dependia, mas podiam chegar aos cem. Quantos mais canos fossem deixados na água, maior a probabilidade de apanhar enguias. Semelhante a esta pesca faziam a "pesca às ramadas", que consistia em colocar ramagens de pinheiro dentro das poças de água no baixa mar, na esperança que o choco lá fosse desovar, e um tempo depois voltavam a essas poças para ver se lá havia chocos para apanhar. As ramagens ficavam lá vários meses, e só eram substituídas se fossem danificadas. Era, portanto, uma pesca de armadilha.

Durante o inverno capturavam diversas espécies, mas quando deixava de haver enguias e linguados, espécies que eram mais valorizadas, a pesca deixava de dar rendimento para os pescadores poderem sobreviver, obrigando-os a encontrar outras fontes de rendimento. Iam trabalhar na agricultura, na estiva, na limpeza de calhas dos estaleiros e no tráfego local. Era raro o pescador que não tivesse de ter outra atividade para além da pesca, para conseguir sobreviver, situação que hoje é diferente, a pesca já permite que os pescadores vivam todo o ano desta atividade.

Pelo 25 de Abril de 1974, no Bico do Mexilhoeiro eram oito as embarcações a fazer pesca profissional com uma tripulação média de dois homens por embarcação, o proprietário e um pescador, mas apenas três teriam licença de pesca, e pertenciam a Manuel de Paulos, Orlando Matateu e Samouco (alcunha). No Barreiro Velho, junto à Igreja de Nossa Senhora do Rosário, era onde ficavam os apetrechos de pesca e os barcos de cerco em atividade no Barreiro.

Relatam marítimos vivos que Joaquim Antunes Pereira, alcunha "Perdido", oriundo da Murtosa, desde a década de 1910 que aí encalhava uma canoa de cerco de que era proprietário e também aí tinha um espaço para guardar o material de pesca. Mais tarde, na década de 1950, Manuel Correia e José Gonçalves Correia, ambos familiares, juntam-se a Joaquim Antunes Pereira. Em 1976/77, José Gonçalves Correia, arrais da embarcação "Carlos Alberto", pai de Rogério Antunes Pereira Correia, atual arrais da embarcação "Sol Brilhante", registo n.º B-779-L, solicitou autorização ao Engenheiro Gaio (nome pelo qual o proprietário era conhecido) para utilizar o terreno ribeirinho atrás dos prédios e junto às construções provisórias que serviram de estaleiro para a obra desses mesmos prédios (prédios na rua Miguel Pais, ao lado da Delegação Marítima do Barreiro), para atracar a embarcação e realizar uma construção abarracada para ter as artes e aprestos de pesca, o que foi autorizado.[16] Foi o primeiro arrais a colonizar este espaço, e pouco tempo depois teve a companhia de Zeferino Antunes Pereira, seu cunhado, proprietário e armador da embarcação "Arminda", registo n.º B-684-L, tendo-se seguido outros, nomeadamente o arrais da embarcação "Guilhermina".

Em Alburrica sempre existiram abrigos de pescadores, mesmo quando ainda funcionavam os moinhos de maré, ou quando aí houve um estaleiro, ou quando a CUF aí instalou os armazéns para guardar os barcos desportivos a remos (grupo Desportivo da CUF), mas não eram em número significativo nem existia densa construção abarracada de apoio à indústria pesqueira, como acontecia, por exemplo, na comunidade piscatória vizinha da Serração. Em finais da década de 1980, existam em Alburrica apenas três embarcações de pesca local, cujos mestres eram o Algarvio, o Mané Correia e o Boia (alcunhas), e várias embarcações que andavam à pesca, mas sem licença.

FIGURA 23 | Zona de Alburrica e da Caldeira Grande, sendo visíveis as construções de apoio à pesca em terra e as embarcações, em 1984. Fonte: Nabais, 1990, p. 22. Fotógrafo: Mário Porfírio.

---

[16] A construção destes prédios começou ainda antes do 25 de Abril de 1974, e nas traseiras foi montado um estaleiro, ao lado do qual os pescadores começaram a montar os espaços de arrumos de artes e aprestos de pesca.

No início da década de 1980, pouco antes do fim da arte do cerco, os pescadores deste concelho começaram a utilizar a rede de tresmalho (três panos), ou branqueira de fundo, malha 80 mm, sendo que a alvitana dependia da forma como se queria fazer a rede.[17] Rogério Antunes Pereira Correia, arrais de pesca, recorda que capturavam com esta rede entre 200 e 300 Kg de solha-das-pedras (patruça) por lance, espécie que era pouco valorizada. Poucos anos depois começaram a utilizar aparelhos de anzol com amostras. Não faziam pesca à piteira[18], ainda que já fosse praticada na foz do rio Tejo, situação hoje alterada.

Na Torralta, espaço contíguo ao traçado do antigo ramal do Seixal[19], na zona conhecida por "Recosta", na década de 1980 havia quatro barcos de pesca profissional, cada um com um camarada que era o arrais e o proprietário, sendo o mais conhecido o de alcunha Baduga, que tinha a embarcação "Cravo Roxo". Diz-se que foi este homem que trouxe as primeiras redes de seda alvitanas da Nazaré, onde jogava à bola, para o Barreiro, onde viria a ser pescador. Outro era o João António Salgueiro, que tinha a embarcação "Golfinho". Ambos tinham arrumos de pesca construídos em madeira sobre estacas. Nesta altura os pescadores entravam e saiam a navegar a qualquer hora, mas hoje já só se consegue sair com uma hora de água. Ainda assim, a situação é melhor do que a registada na Serração, motivo pelo qual Joaquim Manuel Pereira, atualmente arrais e proprietário da embarcação "Escama", registo n.º B-811-L, que tinha lugar na comunidade da Serração, mudou para a Torralta a sua zona de atuação.

Em 1990, num livro sobre profissões e artesanato, João Liberal recorda três antigos arrais desta terra, Miguel Batoque, João de Oliveira e Edmundo Penim, este último que começou por trabalhar numa embarcação com

---

[17] A rede branqueira não era encascada, tingida como as restantes, e por isso não tinha uma cor acastanhada. A cor da arte terá, por isso, determinado o seu nome (branco / branqueira).

[18] "Piteira", por alguns conhecida como "toneira de polvos", uma arte utilizada para a captura de polvos há longos anos e com tradição na zona de entrecabos, nesta altura ainda não permitida.

[19] Como estação terminal da Linha do Alentejo, a posição do Barreiro viu-se reforçada mais tarde com a construção do ramal do Seixal planeado para seguir até Cacilhas, projeto que nunca se concretizou. Na escolha da opção Barreiro, há que lembrar a veemente insistência devotada pelo comendador Joaquim António de Aguiar (Coimbra, 1792-Lavradio, 1884), em prol do Barreiro, contrariando a escolha do Montijo para receber esta infraestrutura.

semelhanças com a antiga muleta, que operava com a arte da tartaranha, depois trabalhou no estuário do Tejo na arte do arrasto de portas[20], e por fim trabalhou numa das artes do tapa-esteiros que existia no Barreiro, antes de abandonar a pesca para trabalhar nos batelões da CUF (Liberal, 1990, p. 71-75).

Nessa altura, segundo diz, os pescadores seriam "poucas dezenas" e refere-se em especial a José Correia, que fundeava a embarcação na Mercantil, paralela à Rua Miguel Pais, a Maria da Conceição da Silva Barroso, que acreditava ser nessa altura a única mulher na pesca, Manuel Gonçalves Correia e sua esposa de alcunha "Beca", que laboravam na canoa "Rosa", registo n.º B-503-L, com 0,45 GT de arqueação bruta e 4,14 de comprimento fora a fora, equipada com um motor de 3,00 kW, que deixavam encalhada na Alburrica, entre as ruínas do Moinho do Cabo (de maré) e os Moinhos de Vento, e António Carlos Correia dos Santos que tinha uma canoa motorizada e deixava a embarcação na Alburrica (Liberal, 1990, p. 71-75).

No arquivo da Delegação Marítima do Barreiro contabilizamos 36 embarcações de pesca local com licença e com rol de tripulação, a operar no ano de 1990, num total de meia centena de inscritos marítimos, entre encarregados pescadores (equivalente a arrais), arrais e pescadores.

Atualmente, no concelho do Barreiro os pescadores estão dispersos em cinco núcleos que se constituíram, em primeiro, devido à evolução da organização do espaço ribeirinho, em segundo, pela falta de dragagens e carência de infraestruturas de apoio à pesca, situação que não facilita o expediente diário e potencia a ocorrência de furtos o que leva os pescadores a optar por locais alternativos tidos como mais seguros para guardar os apetrechos de pesca e as embarcações, e, em terceiro, por os pescadores quererem ocultar dos camaradas informação sobre o peixe que pescam, e onde o pescam. Para essa finalidade quanto mais dispersos estiverem, melhor.

Em finais de 2018, os núcleos considerados a partir do local onde os pescadores guardam o material de pesca e onde fundeiam as embarcações e fazem as vistorias a seco e a nado, eram: (i) Bico do Mexilhoeiro, (ii) Serração, (iii) Doca Seca da CP - Comboios de Portugal (grupo conhecido como os

---

[20] O "arrasto de portas" consiste numa rede de arrasto pelo fundo, normalmente de grandes dimensões, rebocada por uma só embarcação em que a boca, provida de *asas*, se mantém aberta na horizontal pela ação das portas e na vertical por meio de flutuadores e lastros.

"ferroviários"), (iv) Praia da Torralta e (v) Palhais, conforme ilustrado pelo mapa na figura abaixo. Não incluímos a caldeira do moinho de maré "Moinho Pequeno", onde fundeia a embarcação "Capilopes", registo n.º B-735-L, e junto à qual está um contentor para arrumo de material de pesca, porque não pescou nos últimos três anos, e não existe previsão de voltar a pescar.

FIGURA 24 | Localização dos núcleos de pescadores do concelho do Barreiro. Descrição: 1 - Bico do Mexilhoeiro (38°39'29.8"N | 9°05'30.8"W); 2 – Serração (38°39'27.2"N | 9°05'02.0"W); 3 - Doca Seca da CP - Comboios de Portugal "ferroviários" (38°39'22.3"N | 9°04'44.9"W); 4 - Praia da Torralta (38°39'08.2"N | 9°04'28.6"W); e 5 – Palhais (38°38'01.2"N | 9°03'36.1"W). Base: Carta Administrativa Oficial de Portugal - Versão 2017.

De realçar que a única embarcação de pesca local que hoje está a operar no Bico do Mexilhoeiro, começou por ser uma chata em madeira registada na Delegação Marítima da Trafaria sob o número TR-433-L e com a denominação "Estrela da Manhã". Foi em finais de 1997 que foi adquirida por Fernando Jacinto Carvalho Gonçalves, e registada em 13 de março de 1998 na Delegação Marítima do Barreiro, tendo mantido a denominação e recebendo o conjunto de identificação B-747-L. Em 20 de novembro de 2007 foi abatida para dar lugar a uma moderna embarcação de fibra de vidro, que manteve a denominação e passou a ter o conjunto de identificação B-789-L, que é a que hoje está ativa.

No ano de 2000 foram demolidas as construções abarracadas dos pescadores na Mercantil para construção de propriedade horizontal, e os pescadores foram encaminhados para a Serração e para a Caldeira do Moinho Pequeno. As embarcações "Capilopes" e "Paz" (que hoje se denomina "Dumar") mudaram-se para a Caldeira Moinho de Maré Pequeno, e as embarcações "Garinho", "Maré Viva" e "Nitinha" mudaram-se para a Serração. A embarcação "Bernardo Lopes", propriedade de Pedro Manuel da Costa Lopes, e a embarcação "Golfinho", propriedade de Nuno Miguel Faustino Lopes, pai e filho, respetivamente, ainda aqui ficaram, e quando faleceram ainda aqui estavam.

FIGURA 25 | Vista da comunidade piscatória de Serração no início do século XXI, quando ainda não tinham sido construídos os passadiços para ligar a cidade à zona balnear dos moinhos de Alburrica, sendo ainda visíveis as construções abarracadas utilizadas paras guardar as artes e aprestos da pesca, junto às quais estão fundeadas várias embarcações. (Foto gentilmente cedida por Fernando Castro, proprietário do snack-bar "Castro", no Barreiro.

Neste ano 2000 havia no Barreiro 23 embarcações licenciadas para a pesca profissional local e que tinham feito o rol de tripulação, formalidade obrigatória para poderem operar, e estavam embarcados 39 marítimos, 23 em funções a bordo de arrais (duas embarcações tinham o mesmo proprietário e fizeram rol coletivo, necessitando apenas de um arrais, e existe uma embarcação que era tripulada por dois pescadores encarregados, equivalente a arrais) e os demais em funções a bordo de pescadores, conforme descrição a seguir.

- ❖ **3 no Bico do Mexilhoeiro**: "Estrela da Manhã", registo n.º B-747-L, tripulada por Fernando Jacinto Carvalho Gonçalves, que era simultaneamente o proprietário e o armador, e desempenhava a bordo as funções de arrais, e Marcelino de Paiva e António Grilo Martins, que desempenhavam a bordo a função de pescadores; "Curiosidade", registo n.º B-750-L, que tinha Sérgio Paulo Ferreira Leandro e João Manuel Fernandes Oliveira Moreira a desempenharem a bordo as funções de arrais de pesca, mas matriculados como "pescadores encarregados" (premissa concedida aos pescadores mais capazes, encarregues de zelar pelo bom governo da companha que compreendia o sucesso da pesca, o desempenho dos restantes homens da companha, pescadores e moços na operação da embarcação e na faina das redes ou outras artes de pesca), e João da Cruz Miguel e Fernando Manuel Fernandes Almeida que desempenhavam a bordo a funções de pescadores; e "Cigano", registo n.º B-291-L, em que Joaquim Fernando da Silva Pereira desempenhava a bordo as funções de arrais, e Pedro Fernando Galhos Pereira, João Carlos Galhos Pereira e João Manuel Hermenegildo Oliveira, que desempenhavam a bordo a funções de pescadores. Ainda hoje é na praia do Mexilhoeiro que os pescadores que operam com anzol, apanham o casulo para iscar.

- ❖ **7 na Serração (as embarcações que neste ano passaram da Mercantil para a Serração já aqui estão consideradas):** "Garinho", registo n.º B-744-L, de que Edgar Tristão Branco era proprietário, armador e desempenhava a bordo as funções de pescador encarregado (equivale a arrais); "Augusto dos Santos", registo n.º B-734-L, e "Os Santos", registo n.º B-511-L, de que João Augusto de Assunção Santos era proprietário, armador e desempenhava a bordo as funções de arrais de pesca; "Rosa", registo n.º B-754-L, que tinha Carlos Manuel Assunção Pereira como arrais e Francisco José Cordeiro da Silva como pescador; "Brígida", registo n.º B-682-L, tripulado por Joaquim Manuel Pereira de Almeida (arrais) e Manuel Guilherme B. Almeida e Amiano Pereira de Almeida (pescadores); "Fernando Jorge", registo n.º B-537-L, que tinha António Maria da Silva Neves como proprietário e armador, desempenhando a bordo das funções de arrais; e "Zé Manel", registo n.º B-745-L, que tinha Armentier Albino Pereira como arrais e António Matos como pescador.

❖ **2 na Mercantil (como referimos, as embarcações desta comunidade saíram neste ano para a comunidade da Serração, com exceção de duas embarcações, que aqui permaneceram até falecerem os proprietários:** "Golfinho", registo n.º B-713-L, tripulado por Nuno Miguel Faustino Lopes (pescador encarregado) e Carla Maria dos S. Lopes Almeida (pescadora), e "Bernardo Lopes", registo n.º B-410-L, tripulado por Pedro Manuel da Costa Lopes (proprietário, armador e arrais).

❖ **5 no terreno privado do engenheiro Gaio (em 2009, quando o proprietário retomou o terreno, estas embarcações passaram para a Doca Seca da CP - Comboios de Portugal):** "Arminda", registo n.º B-684-L, tripulado por Joaquim Manuel Salvador Pereira (arrais) e Zeferino Antunes Pereira (proprietário, armador e pescador); "Palmirinha", registo n.º B-736-L, tripulado por Rogério Antunes Pereira Correia (proprietário, armador e arrais); "Flôr do Barreiro", registo n.º B-543-L, tripulado por José Francisco Esteves Cabrita (proprietário, armador e arrais); "Ricardo Miguel", registo n.º B-724-L, tripulado por António Carlos Correia dos Santos (proprietário, armador e arrais); "Ana Pedro", registo n.º B-753-L, tripulado por Carlos Almeida de Oliveira (proprietário, armador e arrais).

❖ **3 na praia da Recosta (ou Torralta):** "Cravo Roxo", registo n.º B-231-L, tripulado por Carlos Alberto Correia (proprietário, armador e arrais); "Maria Amélia", registo n.º B-426-L, tripulado por Victor Hugo Ramos (proprietário, armador e arrais), que mais tarde deu origem à embarcação "Dorrinda", registo n.º B-722-L; e "Alexandra", registo n.º B-742-L, tripulado por Alexandre José Tavares de Pinho (arrais) e Joaquim Luís Rodrigues Coutinho (pescador).

❖ **2 na Caldeira Moinho de Maré Pequeno:** "Paz", registo n.º B-748-L, tripulado por Capitolino de Almeida Lopes (arrais) e Carla Maria dos Santos Lopes Almeida e Rui Miguel Almeida Soares (pescadores), e "Capilopes", registo n.º B-735-L, tripulado por Capitolino de Almeida Lopes (proprietário, armador e arrais).

❖ **1 em Palhais:** "Estrela de Palhais", registo n.º B-653-L, de que Francisco Alberto Fernandes Rosário era proprietário e armador, e desempenhava a bordo as funções de arrais. (Delegação Marítima do Barreiro, Livro 13 - Matrícula de barco de pesca [rol de matrícula das embarcações de pesca] –1996/2014, fl. 47v-54).

Em agosto de 2009, os pescadores que atracavam as embarcações e utilizavam espaços de arrumos de artes e aprestos de pesca no terreno privado do Eng° Gaio, e onde já estavam há mais de trinta anos (começaram logo após o 25 de Abril de 1974, como já referimos), foram para a Doca Seca CP (passaram a ser conhecidos como "os ferroviários"), logo ali ao lado, porque o proprietário resolveu reaver o terreno, diz-se, por pressões dos moradores. O terreno privado utilizado pelos pescadores corresponde hoje ao terreno que está entre os prédios e a Delegação Marítima do Barreiro.[21]

FIGURA 26 | Zona ribeirinha da Mercantil: plano superior, início do novo passadiço para Alburrica até aos velhos armazéns; plano inferior, dos velhos armazéns até à Doca Seca da CP – Comboios de Portugal, em 26.11.2018.
Notas: Mercantil – zona assim conhecida porque havia aqui uma ponte em madeira onde as fragatas acostavam para carregar cortiça para os navios que estavam fundeados no Tejo. Armazéns – o primeiro, à esquerda, era por onde entravam os géneros alimentares para abastecer as mercearias do Barreiro, e o segundo, à direita, era onde ficava armazenada a cortiça transportada pelas fragatas para exportação.
Legenda: 1 - Início do passadiço; 2 – Mercantil; 3 - Espaço utilizado pelos pescadores na Mercantil; 4- Armazéns; 5- Serração; 6 - Espaço utilizado pelos pescadores no terreno privado do engenheiro Gaio; 7 – Antiga Doca Seca da CP.

---

[21] A título de curiosidade, onde é hoje o restaurante da Associação de Fuzileiros, no rés do chão da Delegação Marítima do Barreiro, funcionava o armazém de artes e aprestos de pesca apreendidos ou encontrados pela autoridade marítima, sendo que o último agente da Polícia Marítima aqui colocado, o "Sarinha" (último nome), habitava o piso superior do edifício.

Em 2015, foram construídos passadiços para ligar a cidade à zona balnear dos moinhos de Alburrica, no quadro da requalificação desta zona ribeirinha. Os últimos pescadores lúdicos foram deslocados para a Serração e ficaram junto dos profissionais, tendo-lhes sido atribuídos novos contentores.[22] Na Praia do Clube Naval continuou a existir uma grande concentração de pescadores lúdicos, que também se dedicavam à apanha apeada. Neste ano, mais propriamente em 03/04/2015, ao nível das embarcações para a pesca lúdica, registadas no recreio ou na atividade marítimo-turística, e que também faziam apanha, observaram-se 8 embarcações na Praia do Clube Naval, 37 no Bico do Mexilhoeiro, sete na Serração e 97 na Praia da Torralta. Em 2018 operaram no Barreiro 21 embarcações de pesca profissional local com licença de pesca, nem todas com rol de tripulação, tripuladas por cerca de 25 marítimos, entre arrais e pescadores.

A diferença entre embarcações de pesca lúdica e profissional é abismal. A pesca lúdica, ou desportiva, assume grande protagonismo pela dedicação à pesca do polvo na foz e das corvinas e robalos no Mar da Palha e a montante da Ponte Vasco da Gama. No que se prende com atividades ilícitas e das respetivas contraordenações aplicadas pela Polícia Marítima, ressalvam a pesca em local proibido, seguido da pesca com arte proibida, da falta de licença de pesca lúdica, da captura de pescado sem o tamanho mínimo, e por fim, de forma residual, do excesso de captura, da falta de sinalização para a pesca lúdica e da poluição (Dos Santos, 2021, p. 1385).

A 12 de setembro de 2019, iniciaram-se as obras de beneficiação das instalações da antiga doca seca da CP - Comboios de Portugal que se encontravam em profundo estado de degradação, acompanhadas de um importante investimento em equipamentos – de ancoragem das embarcações e de movimentação de cargas e equipamentos de frio, uma obra que era exigida há décadas pelos armadores e pescadores barreirenses. De entre as principais melhorias, destaque para a regularização do fundo do rio (37.460€), aquisição e instalação de uma plataforma flutuante para acostagem de dez embarcações (74.940,00€), para a aquisição de máquina fabricadora de gelo (6.729,50€) e de câmara de frio (6.099.70€) respetivas instalações e para as

---

[22] Obra integrada no programa REPARA – Regeneração Programada da Área Ribeirinha de Alburrica, iniciado em 2010, a frente ribeirinha do Barreiro foi recuperada e foi construído um extenso passadiço em material resistente a imitar a madeira que liga a cidade à zona balnear dos moinhos de Alburrica.

empreitadas para o maciço de apoio à grua e fundações (28.139.60€), e posterior aquisição de uma grua de coluna de 4 toneladas com 5 metros de braço para o núcleo de pesca do Barreiro (39.650,00€). Na área civil foi demolida a casa do mecanismo da antiga comporta (8.900.00€), foram realizados trabalhos de conservação do edifício afeto à Associação de Pesca (89.955.13€), nomeadamente a remodelação das instalações sanitárias, substituição da rede elétrica e melhoramento das áreas de trabalho e espaços para armazenagem individual dos aprestos. Foram ainda realizados outros trabalhos complementares no edifício (8.805.21€), nomeadamente a reparação das rampas de acesso e a melhoria do espaço exterior.

FIGURA 27 | Antiga doca seca da CP – Comboios de Portugal, já reabilitada, em 19-10-2020.

O projeto foi alvo de candidatura ao MAR2020 – Requalificação da Doca Seca, e comparticipado pelo FEAMP (Fundo Europeu para os Assuntos Marítimos e as Pescas) no valor de 170.285,10€, que corresponde a uma taxa de 75% do valor elegível (227.046,80€). Está ainda previsto realizar investimento na beneficiação paisagística e funcional do espaço exterior, ação que requer concertação com o detentor do espaço, a CP – Comboios de Portugal.

3. ANÁLISE DA SITUAÇÃO ATUAL DA INDÚSTRIA PISCATÓRIA DO BARREIRO.

A frota do concelho do Barreiro, remanescente de uma história de glória com as muletas e com os sucedâneos botes de mar alto, durante o ano de 2018 contava apenas com 21 embarcações registadas na pesca local com licença para operar no rio Tejo, das quais, treze também estavam habilitadas com licença de pesca para operar na Zona Económica Exclusiva (ZEE) Portuguesa - Sub área Continente. Não havia no Barreiro embarcações apenas com licenças para águas marítimas, o que é sintomático do declínio da indústria piscatória no concelho do Barreiro, que é transversal a todo Tejo, e a todo o país.

Estas embarcações, como anteriormente descrito, estavam distribuídas por cinco comunidades piscatórias. No Bico do Mexilhoeiro fazia abrigo uma embarcação de pesca profissional com licenças de pesca para a o rio Tejo e para a ZEE Portuguesa, sendo que no ano anterior tinham sido duas, quando ainda estava ativa a embarcação "Curiosidade", conjunto de identificação n.º B-750-L, propriedade de João Manuel Fernandes de Oliveira Moreira (alcunha peixe-peixe). Uma outra embarcação apenas com licenças para o rio Tejo aporta em Palhais, propriedade de Paulo Sérgio (alcunha Tê Tê). Na praia da Torralta fundeiam cinco embarcações, três das quais têm também licença de pesca para operar na ZEE Portuguesa. Na Serração fundeiam seis embarcações, das quais três têm também licença de pesca para operar na ZEE Portuguesa - Sub área Continente, e na antiga doca seca da Comboios de Portugal – CP, fundeiam oito embarcações, seis das quais têm em simultâneo licença de pesca para operar na ZEE Portuguesa.

Para fazer este trabalho auscultaram-se os arrais de 18 das 21 embarcações que em 2018 tinham licença de pesca para a zona do rio Tejo, o que corresponde uma taxa global de 86%. Apenas não foram auscultados os arrais de três embarcações da comunidade piscatória da praia da Torralta, porque recusaram colaborar (14% do total das embarcações licenciadas no Barreiro).

A auscultação ocorreu sob a forma de inquérito por questionário, realizado em maio e junho de 2019, diretamente pelos autores aos arrais de pesca nos portos de pesca. A indicação das embarcações que tinham licença de pesca comercial para a zona do estuário do rio Tejo, foi-nos informada pela Direcção-Geral de Recursos Naturais, Segurança e Serviços Marítimos (DGRM).

De salientar que a zona designada por Torralta é de génese ilegal e de construção abarracada e conspurcada, frequentada por um grande número de indivíduos, alguns com comportamentos desviantes e dedicados a atividades de origem que levantam algumas dúvidas sobre a sua natureza e que impactam com a pesca profissional. Este parece ser o refúgio de eleição das embarcações recreativas que se dedicam à pesca lúdica como se de pesca profissional se tratasse, das embarcações recreativas que se dedicam à captura da amêijoa-japonesa com recurso a ganchorra a reboque de embarcação, e ainda, como se escuta nos bastidores das pescas, onde fundeiam algumas das embarcações que operam em "companha" ao cerco da corvina aquando da entrada no rio Tejo, utilizando sistemas ilicitos para fazer o peixe emalhar, o que, diz-se, terá estado na origem do incêndio que deflagrou na embarcação Ninôr, conjunto de identificação B-806-L, em 1 de abril de 2019, e que lhe provocou a destruição integral. Consubstanciadas estas particularidades, torna-se fácil perceber o receio demonstrado pelos três marítimos aquando da nossa presença no terreno, e a sua postura evasiva.

A seguir vamos analisar a informação recolhida junto dos arrais das 18 embarcações auscultadas, mas quanto: (i) **à frota**, especificamente quanto ao porto de registo, idade, comprimento fora a fora, potência do motor principal e potência do motor auxiliar, tipo de convés e arqueação; (ii) **à matricula de tripulação**; e (iii) **aos desembarques**, especificamente quantidade por espécie e valor de venda, e dias de mar, vamos apresentar os dados das 21 embarcações que tiveram licença de pesca para o ano de 2018 (a totalidade da frota). A Capitania do Porto de Lisboa cedeu os dados das duas primeiras líneas, e a Docapesca – Portos e Lotas, S.A. os dados da última alínea.

3.1. CARACTERIZAÇÃO DA FROTA

Começando pela análise das características da frota dos Camarros, como se denominam a eles próprios os pescadores do Barreiro, observa-se que a generalidade está registada na Delegação Marítima do Barreiro, e apenas uma embarcação está registada na Delegação Marítima da Trafaria. A frota é recente: 55,56% tem até 14 anos, e apenas 22,22% tem mais de 20 anos, sendo que apenas 11,11% tem mais de 50 anos. A embarcação mais antiga, construída em 1962, é a "Flor do Barreiro" (B-543-L), que já foi propriedade de Rogério Antunes Pereira Correia, um dos mais prestigiados pescadores do Barreiro, e a mais recente, a "Boa Vibe" (B-816-L), construída em 2018, que pertence à comunidade da Serração.

As embarcações com mais de 20 anos (mais antigas), pertencem às maiores comunidades piscatória do Barreiro. Com pormenor, 5,56% da frota da Serração tem entre 20 e 24 anos, 5,56% da frota da antiga doca seca da CP tem entre 40 e 49 anos, e, com mais de 50 anos, registam-se percentagens idênticas em ambas as comunidades piscatórias (5,56% em cada uma delas).

As embarcações são, no entanto, de pequeno porte: 61% tem até 1,5 GT[23], das quais 33% têm menos de 1 GT. Quanto às demais, 22% tem entre 1,5 GT e 2,0 GT, 6% têm entre 2,0 GT e 2,5 GT, e 11% têm entre 2,5 GT e 3,0 GT. A embarcação com mais capacidade de pesca denomina-se "Sol Brilhante" (B-779-L), e tem 2,92 GT. A capacidade total de pesca é de 26,59 GT, o que corresponde a 1,21 GT em Palhais, 1,76 GT no Bico do Mexilhoeiro, 3,59 GT na Praia da Torralta, 7,22 GT na Serração e 12,81 GT na antiga doca seca da CP – Comboios de Portugal.

Apesar da frota ser de pequeno porte, 83,33% tem propulsão principal igual ou superior a 20 kW, da qual 50% tem instalado motor principal com potência entre 20,00 e 29,99 kW, e 33,33% tem instalado motor principal com potência entre 30,00 e 39,99 kW. Não existe qualquer embarcação que tenha instalada potência propulsora principal superior a 39,99 kW.

As embarcações com os motores propulsores principais de mais potência são a "Garinho" (B-805-L) e a "Sol Brilhante" (B-779-L), com 37,29 kW e

---

[23] GT: abreviatura de *"gross tonnage"*, expressão anglo-saxónica para "tonelagem de arqueação bruta", que representa o volume interior total de uma embarcação em toneladas.

36,77 kW, respetivamente. A potência propulsora principal total instalada é de 516,36 kW, a que corresponde 29,4 kW em Palhais, 36,8 kW no Bico do Mexilhoeiro, 48,05 na Praia da Torralta, 181,17 kW na Serração e 220,94 kW na antiga doca seca da CP. Nota-se a inexistência de potência auxiliar instalada nestas embarcações.

No conjunto do espaço concelhio, a arqueação média é de 1,48 GT, a mínima é de 0,68 GT e a máxima de 2,92 GT, a potência propulsora principal média é de 28,69 kW, sendo a mínima de 11 kW e a máxima de 37,29 kW e o comprimento fora a fora médio é de 5,92 m, sendo o mínimo de 4,85 m e o máximo de 7,20 m.

A frota é toda de convés aberto, e em 72,22% dos casos tem casco em fibra de vidro e 27,78% tem casco em madeira. Apenas existem embarcações com casco em madeira nas comunidades da Serração e da antiga doca seca da CP. Com pormenor, na Serração está concentrada 33,33% da frota do Barreiro, da qual 11,11% tem casco em madeira e 22,22% tem casco em fibra de vidro, e na antiga doca seca da CT está concentrada 44,44% da frota do Barreiro, da qual 16,67% tem casco em madeira e 27,78% tem casco em fibra de vidro.

Quanto ao tipo de motor e de combustivel, 77,78% da frota tem motor a gasolina fora de borda e 22,22% tem motor interior a gasóleo. Com pormenor, apenas quatro embarcações na antiga doca seca da CP têm motor interior a gasóleo, o que corresponde a 22,22% do total. Importa notar que os motores a gasolina são sempre exteriores (fora de borda), e os motores a gasóleo são sempre interiores.

A frota é alvo de manutenção frequente, realizada pelos proprietários, e é vistoriada a nado todos os anos e a seco de dois em dois anos pelos peritos da Capitania do Porto de Lisboa, sendo obervados parâmetros quanto ao estado de conservação do casco, do motor, do alador[24] (caso exista), dos instrumentos náuticos, dos meios de salvação, dos meios de combate a incêndios, e dos meios de esgotos. Para obter autorização para o exercício da atividade da pesca tem de cumprir todos os requisitos em cada um destes parâmetros. Todavia, pode cumprir as condições técnicas mínimas para poder operar, e o estado de conservação não ser o melhor, o que é importante

---

[24] Alador de rede é um dispositivo (electro) mecânico concebido para recolher redes a bordo.

aferir cosiderando que a regulação da pesca turismo, enquanto estratégia de diversificação que entendemos ser urgente e prioritária, poderá estar para breve.

Na opinião dos arrais, 16,67% consideram que o estado de conservação das suas embarcações é razoável, 61,11% que é bom, e 22,22% que está muito bom. Com pormenor, no Bico do Mexilhoeiro todos os arrais responderam que as suas embarcações estão em bom estado de conservação. Na antiga doca seca da CP, 5,56% dos arrais indicaram que as suas embarcações estão num estado de conservação razoável, 33,33% num estado de conservação bom, e 5,56% num estado de conservação muito bom. Em Palhais, a frota está num estado de conversação muito bom. Na Praia da Torralta, em 5,56% dos casos o estado de conversação é razoável, e em outros tantos o estado de convervação é bom. Na Serração, 5,56% dos arrais indicaram que as suas embarcações estão num estado de conservação razoável, 16,67% num estado de conservação bom, e 11,11% num estado de conservação muito bom. É na Serração que estão as unidades mais recentes, o que se traduz em unidades em melhor estado de conservação. No geral, a frota apresenta um estado de conservação adequada à pesca turismo, podendo, se regulada, sem uma mais-valia para este território.

Ainda que as embarcações sejam de pequeno porte estão equipadas com equipamento moderno, sendo de destacar a utilização da sonda e da navegação por GPS por mais de ¾ das embarcações, e o facto de uma possuir sonar. Ademais, 11,12% das embarcações possuem Rádio VHF.

Destaca-se o facto de mais de 65% das embarcações terem instalado alador mecânico, a que chamam de "camarada", exatamente porque são embarcações maioritariamente tripuladas por apenas um marítimo na categoria mínima de arrais que encontra no alador uma grande ajuda, apesar de lhe retirar espaço para trabalhar a bordo.

As embarcações que não dispõem de alador mecânico são: "Boa Vibe", "Garinho", "Augusto dos Santos", "Escama", "Triunfo da Cruz" e "Flor do Barreiro". Os arrais destas embarcações operam sozinhos e trabalham com menos artes, pelo que não sentem tanto a condição do menor espaço.

Ao nível do equipamento complementar básico, 16,67% dispõem a bordo de binóculos, e outros têm a bordo bússola, ainda que já sejam pouco utilizadas. Apenas 16,67% das embarcações operam sem qualquer equipamento a bordo, exetuando o obrigatório (boias circulares, coletes de salvação, extintores, entre outros), que se caracterizam por serem tripuladas por arrais de idade avançada e com muito conhecimento da pesca e do rio, curiosamente os que ainda utilizam mais frequentemente a bússola.

A avaliação patrimonial que os proprietários fazem das suas embarcações ascende a 373.000,00€, sem incluir as artes de pesca, o que corresponde a 15.000,00€ em Palhais, a 22.000,00€ na Praia da Torralta, a 23.000,00€ no Bico do Mexilhoeiro, a 109.000,00€ na Serração e a 204.000,00€ na antiga doca seca da CP – Comboios de Portugal. Às artes de pesca os armadores colocaram o valor de mercado de 141.600,00€, a que corresponde a 6.000,00€ no Bico do Mexilhoeiro, a 10.000,00€ na Praia da Torralta, a 15.000,00€ em Palhais, a 39.600,00€ na Serração e a 71.000,00€ na antiga doca seca da CP – Comboios de Portugal. Assim, no concelho do Barreiro, as embarcações e as artes de pesca atingem em conjunto um valor de mercado de 514.600,00€ (valor patrimonial à data de 2018).

Um outro nível importante de análise do setor da pesca comercial do Barreiro é a caracterização pessoal, profissional, socioeconómica, nível de motivação, dados de identificação e tradição dos marítimos que governam as embarcações (arrais), de que se apresentam alguns dados a seguir.

Nas comunidades piscatórias do concelho do Barreiro os proprietários são também armadores, ou seja, não existe qualquer caso de os proprietários terem cedido os direitos de exploração das embarcações, e todos desempenham a bordo as funções de arrais.

Estas comunidades estão a ficar envelhecidas, sendo que 61,11% dos arrais já têm mais de 45 anos, e, destes, 27,78% têm entre 55 e 64 anos, e 11,11% têm mais de 65 anos, como se observa na tabela seguinte.

Idade (anos) (%)	Bico do Mexilhoeiro	Antiga Doca Seca da CP	Palhais	Praia da Torralta	Serração	total
[25-34]	0,00%	11,11%	0,00%	5,56%	11,11%	**27,78%**
[35-44]	0,00%	5,56%	0,00%	0,00%	5,56%	**11,11%**
[45-54]	0,00%	5,56%	5,56%	5,56%	5,56%	**22,22%**
[55-64]	5,56%	22,22%	0,00%	0,00%	0,00%	**27,78%**
[65-74]	0,00%	0,00%	0,00%	0,00%	11,11%	**11,11%**
Total	**5,56%**	**44,44%**	**5,56%**	**11,11%**	**33,33%**	**100,00%**

TABELA 1 | Idade dos pescadores registados no Barreiro, desagregada por comunidade piscatória e por faixa etária.

A comunidade da antiga Doca Seca da CP é a mais envelhecida, juntamente com a comunidade da Serração, e não existe uma comunidade que se possa dizer como mais rejuvenescida, ainda que existam três jovens arrais a operar no espaço concelhio, com idades compreendidas entre os 30 e os 32 anos, dois sem tradição na pesca (vieram de fora): José Ari Mira Alexandre, nascido em 1986, que no início da vida se dedicava a desportos radicais náuticos, hoje proprietário, armador e arrais das embarcações "Ari", registo n.º B-796-L e "Pai e Avós", registo n.º B-799-L, que faz abrigo na antiga Doca Seca da CP, e Ricardo João Amigo Gomes, também nascido em 1986, proprietário, armador e arrais da embarcação "Riso", registo n.º B-812-L, que faz abrigo na Praia da Torralta. Um outro jovem arrais, com tradição de pesca (descendente de pescadores locais), é João Filipe Lino Santos, proprietário, armador e arrais da embarcação "Boa Vibe", registo n.º B-816-L, que faz porto de abrigo na comunidade da Serração, filho de João Augusto de Assunção Santos, o mais antigo arrais em atividade no Barreiro, também proprietário e armador da velha embarcação "Augusto dos Santos", registo n.º B-734-L, da mesma comunidade piscatória.

3.2. CARACTERIZAÇÃO PESSOAL, PROFISSIONAL, SOCIOECONÓMICA, NÍVEL DE MOTIVAÇÃO, DADOS DE IDENTIFICAÇÃO E TRADIÇÃO DOS MARÍTIMOS QUE GOVERNAM AS EMBARCAÇÕES.

Uma percentagem significativa da atual geração de arrais barreirenses tem tradição na pesca: 72,22% são filhos de pescadores e nasceram no concelho do Barreiro. Há ainda 11,11% que nasceram no concelho de Beja, 5,56% em Olhão (Algarve), e igual percentagem em Lisboa e no Seixal. Os marítimos que nasceram em Olhão e em Lisboa integram a comunidade da Serração, os que nasceram em Beja integram a comunidade da antiga Doca Seca da CP, e os que nasceram no Seixal integram a comunidade da Praia da Torralta.

Apesar dos atuais arrais terem nascido em diferentes geografias, 77,78% trabalham e residem no espaço concelhio, e apenas 11,11% residem em Sesimbra, mais propriamente na Quinta do Conde, 5,56% em Setúbal e igual percentagem no Seixal. Os marítimos que residem em Setúbal e Sesimbra pertencem à comunidade piscatória Antiga Doca Seca da CP, e os que residem no Seixal pertencem à comunidade piscatória da Serração. Imposta notar que quase todos os arrais que não residem no Barreiro estão a uma distância inferior a dez minutos de carro, em condições normais, entre a sua residência e o respetivo porto de pesca.

Sobre o estado civil, 44,44% dos arrais são "casados", 16,67% vivem em "união de facto", 11,11% são "solteiros" e 27,78% "divorciados". Ou seja, a larga maioria dos arrais não vive só. É nas comunidades da Serração, Palhais e Bico do Mexilhoeiro que estão em maior número os arrais "casados", e é na comunidade da antiga Doca Seca da CP que estão em maior número os arrais "divorciados" e os arrais a viver no regime de "união de facto".

Estes arrais começaram a aprender a atividade muito jovens: em 77,778% dos casos até aos 14 anos, e destes 44,44% começaram a aprender a atividade entre os 5 e os 9 anos, o que nalguns casos condicionou a aquisição de habilitações mínimas obrigatórias e o cumprimento do requisito de frequência da escolaridade obrigatória, que variam consoante a data de nascimento de cada arrais ou da data de inscrição/matrícula no primeiro ano de escolaridade. Importa que se diga que isso se devia muitas vezes por opção própria, porque vários arrais fugiam da escola para ir à pesca; recordam que não gostavam muito dos livros, e outros recordam que começaram a trabalhar na pesca porque os pais e avós já trabalhavam nesta atividade, como era o caso dos que trabalhavam na arte do cerco, e era fundamental ajudar no sustento da família, como aconteceu com Rogério Antunes Pereira Correia.

Nos restantes casos, 5,56% começaram a aprender a atividade entre os 20 e os 24 anos, 5,56% entre os 30 e os 34 anos, 5,56% entre os 45 e os 49 anos, e novamente 5,56% entre os 50 e os 54 anos.

Foi nas comunidades do Bico do Mexilhoeiro, Palhais e Praia da Torralta que mais cedo todos os arrais começaram a aprender a atividade, dos 5 aos 9 anos. Na Serração, 22,22% começaram a aprender a atividade entre os 5 e os 14 anos, 5,56% entre os 30 e os 34 anos, e idêntica percentagem entre os 50 e os 54 anos. Na antiga Doca Seca da CP, onde se encontram os mestres mais experientes, mas também alguns menos experientes, em 22,22% dos casos começaram a aprender a atividade dos 5 aos 9 anos, 11,11% dos 10 aos 14 anos, 5,56% dos 20 aos 24 anos, e idêntica percentagem dos 45 aos 49 anos.

Em termos globais, a média da idade com que estes arrais começaram a aprender a atividade é de 15,39 anos, sendo o mínimo de 6 anos e o máximo de 50 anos.

Sobre o início da pesca profissional, 5,56% fizeram-no dos 10 aos 14 anos, 16,67% dos 15 aos 19 anos, e 44,44% dos 20 aos 29 anos. Os demais 33,33% iniciaram a pesca profissional depois dos 30 anos, o que significa que, primeiro procuraram outras alternativas laborais, e por essa estratégia ter falhado, sujeitaram-se à pesca. No entanto, quase todos têm tradição na pesca.

O maior nível escolar encontra aqui justificação, ou seja, foi depois de se terem iniciado na pesca que procuraram aumentar as qualificações escolares para tentar alcançar outro tipo de atividade económica, e, mais tarde, perante a ausência de alternativas, e em alguns casos na sequência da crise de 2008, regressaram às pescas, atividade que lhes era "familiar" onde sempre se consegue um lugar, pois como dizem os pescadores: "o sol quando nasce é para todos".

Foi nas comunidades piscatórias da antiga Doca Seca da CP e da Serração que alguns arrais voltaram à pesca já numa fase tardia da vida, e já depois de experimentarem outras profissões, tendo sido bem recebidos e apoiados pelos mais antigos e mais experientes. Em termos globais, a média de idade com que estes arrais iniciaram a pesca profissional é de 28,44 anos, sendo o mínimo de 14 anos e o máximo de 53 anos.

Todos os arrais indicaram ter iniciado a atividade profissional na qualidade de pescadores, e salientaram que a experiência/prática foi a principal modalidade de aprendizagem dos saberes específicos à prática da atividade da pesca.

Os motivos que levaram estes arrais a aprender a atividade são variados, mas podemos destacar o gosto pela pesca, com 88,89% dos casos, e a tradição familiar e a necessidade de assegurar a continuidade do saber no seio da família, com 50% dos casos. De forma menos representativa, por imposição dos pais, que representa 22,22%, pela boa rentabilidade da pesca e pela dificuldade de encontrar outra fonte de rendimento, que representa 16,67%, e, por fim, para ajudar a família devido a dificuldades económicas, com 11,11%.

Considerando a juventude com que uma grande parte destes arrais começou a aprender a atividade, bem como a evolução das habilitações mínimas obrigatórias, que se foram tornando mais exigentes ao longo do tempo (em termos gerais, 4.º ano de escolaridade até 1966, 6.º ano de escolaridade entre 1967 e 1987, 9.º ano de escolaridade entre 1988 e 2009, e 12.º ano de escolaridade após 2010), e sabendo que muitos deles não faziam questão de frequentar a escola, os níveis de escolaridade são bastante satisfatórios.

Em 27,78% dos casos, os arrais não ultrapassaram o primeiro ciclo (4º ano de escolaridade), sendo maioritariamente das comunidades da Antiga Doca Seca da CP e da Praia da Torralta, e em 38,89% dos casos não excederam o terceiro ciclo (9º ano de escolaridade), o que se deve a terem iniciado a atividade muito cedo. Há a registar 27,78% dos arrais que frequentaram o secundário (10º, 11º e 12º Anos), ainda que poucos o tenham terminado, dos quais 22,22% pertencentes à Antiga Doca Seca da CP e 5,56% *a Serração, e existe um arrais que tem formação superior, que reside no Seixal, tem uma atividade principal em Lisboa, curiosamente no FOR-MAR-Centro de Formação Profissional das Pescas e do Mar, e pesca nos tempos livres fazendo porto de abrigo na comunidade piscatória da Serração. Salientar que em 2018 era o único arrais com formação superior em atividade no estuário do rio Tejo. Este pescador é, de resto, o único detentor de formação superior em todo o estuário do rio Tejo.

O agregado familiar dos 18 arrais inquiridos é constituído por um número variável de pessoas, sendo que no total ascende a 55 pessoas (incluindo os arrais): três no Bico do Mexilhoeiro, quatro em Palhais e outras tantas na Praia da Torralta, 20 na Serração e 24 na antiga Doca Seca da CP.

No geral, 5,56% dos arrais vivem sozinhos, todos da comunidade piscatória da Praia da Torralta, 38,89% têm no seu agregado duas pessoas, todos das comunidades piscatórias da Antiga Doca Seca da CP e da Serração, 22,22% têm três pessoas no seu agregado familiar, todos das comunidades piscatórias Bico do Mexilhoeiro, da Antiga Doca Seca da CP e da Praia da Torralta,16,67% têm quatro pessoas, todos das comunidades piscatórias de Palhais e Serração, 11,11% têm cinco pessoas, todos da comunidade piscatória da Antiga Doca Seca da CP, e 5,56% têm seis pessoas, pertencendo estes últimos à comunidade piscatória da Serração.

Os agregados entre duas e quatro pessoas são os mais representativos, correspondem a 77,78% dos casos, ou seja, predominam agregados de família simples, constituído por um casal com filhos, e agregados de família complexa constituídos por um núcleo e outras pessoas, o que se chama família alargada, o que reforça a importância da atividade para o sustento da família.

Das 55 pessoas que constituem os agregados familiares dos arrais, apenas 22 trabalham na pesca, o que inclui os próprios arrais. Sabendo que os arrais são 18, que correspondem às 18 embarcações inquiridas, significa que apenas quatro pessoas dos seus agregados familiares participam ativamente do quotidiano piscatório. O que é um valor muito reduzido, e isso explica porque 77,78% dos arrais operam sozinhos ou com pessoas a bordo que não pertencem ao seu agregado familiar, e apenas 22,22% operam com um tripulante a bordo do seu agregado familiar, no essencial os filhos (16,67% da Antiga Doca Seca da CP e 5,56% da Serração).

Questionados os arrais se os seus filhos, caso os tivessem, se dedicavam à pesca profissional ou demonstravam querer aprender e continuar a sua atividade, 72,22% responderam que não, sendo mais expressivas as respostas na antiga Doca Seca da CP (33,33%) e na Serração (22,22%). Apenas 27,78% responderam sim, dos quais 22,22% pertencem às comunidades piscatórias da Serração e da antiga Doca Seca da CP, e 5,56% à Praia da Torralta. Significa que a breve trecho o que resta da frota de pesca barreirense vai estar concentrada nestas três comunidades, levando à extinção das demais.

Os tripulantes em funções a bordo de arrais em 77,78% dos casos estão habilitados com a categoria mínima de "arrais de pesca local", e apenas 22,22% estão habilitados com a categoria de "arrais de pesca". Nas comunidades da antiga Doca Seca da CP e da Praia da Torralta, apenas dois arrais, um em cada comunidade, estão habilitados com a categoria de "arrais de pesca" (representam 11,11%). Para além destes dois arrais, observam-se outros dois com a mesma categoria na comunidade piscatória da Serração (11,11%). No global, depreende-se que aos marítimos apenas almejam alcançar a habilitação mínima para poder operar, e não têm interesse de, por motivos de gostar de "saber mais", realizar a formação para o nível seguinte.

A pesca é a atividade principal de 83,33% dos arrais barreirenses, e apenas três arrais, que representam 16,67%, desenvolvem a pesca de forma suplementar a outras atividades (sem regularidade). Com pormenor, um destes arrais tem abrigo na antiga Doca Seca da CP (5,56%) e exerce a profissão de maquinista na CP e os outros dois arrais têm abrigo na comunidade da Serração (11,11%), sendo que um exerce a atividade principal de motorista nos Transportes Coletivos do Barreiro (TCB), e o outro exerce, como vimos antes, funções de Coordenador no Centro de Formação Profissional das Pescas e do Mar (FOR-MAR), em Pedrouços. Nestes três casos cumprem horário completo na entidade patronal principal, e é no tempo que sobra, muitas vezes em prejuízo do seu tempo de descanso, que exercem a atividade da pesca.

Para além dos três arrais referidos anteriormente que têm uma atividade principal e exercem a pesca nos tempos livres, existem mais dois arrais que têm a pesca como atividade principal, mas desenvolvem outras atividades económicas. Num dos casos, o arrais tem abrigo em Palhais e é o único neste local (onde está bastante condicionado pelas marés) e, em regime de complementaridade com a atividade piscatória, exerce a atividade de cozinheiro no restaurante da esposa que se localiza na zona do Barreiro Velho, não muito longe da zona ribeirinha. No segundo caso, o arrais tem abrigo no Bico do Mexilhoeiro, é o único neste local e também bastante condicionado pelas marés e pelo assoreamento da caldeira. Sazonalmente (quando aparece trabalho), em curtos períodos (alguns meses), exerce a atividade de manobrador de gruas, tanto em Portugal como no estrangeiro, sendo que nesses períodos tem de suspender a atividade piscatória para se dedicar de forma exclusiva à outra atividade. Desta forma, conclui-se que 72,22% dos arrais não desenvolvem outras atividades económicas para além da atividade piscatória e dependem em exclusivo desta atividade, como se observa no gráfico seguinte.

Mesmo os arrais que não exercem qualquer outra atividade económica para além da pesca mostram ser multifacetados, pelas suas competências, qualidades e características, sendo de realçar a polivalência na mecânica, eletricidade e casco, na reparação das suas próprias embarcações e também na manutenção das infraestruturas de apoio à pesca em terra. Também revelam ter suficientes dotes de culinária e são detentores de conhecimento único relacionado com a gastronomia local à base de peixe, com destaque para as caldeiradas de safio, raia e charroco.

Salienta-se ainda que, dos 72,22% dos arrais que não desenvolvem outras atividades económicas para além da atividade piscatória, atrás referidos, 16,67% já estão reformados (11,11% na Serração e 5,56% na antiga Doca Seca da CP), e apenas continuam a laborar como forma de conseguir um suplemento para as suas reformas que são muito baixas e resultaram de outras atividades que exerceram ao longo da vida. Desta forma, concluiu-se que apenas 55,55% dos arrais barreirenses dependem em exclusivo da pesca como fonte de subsistência, o que é revelador da decadência da atividade neste espaço concelhio.

Ainda relevante para esta temática, é perceber qual a parte do rendimento do agregado familiar dos arrais que vem da pesca. Como se observa na tabela seguinte, apenas 44,44% dos arrais responderam que o seu agregado familiar depende totalmente do produto da atividade piscatória, tendo 22,22% respondido que a pesca contribui quase nada para o sustento do seu agregado familiar, o que corresponde aos arrais que têm outra atividade principal e apenas operam nos tempos livres na pesca, e igual percentagem respondeu que a pesca contribui em metade para o sustento do seu agregado familiar, que corresponde aos arrais casados em que as esposas trabalham, e aos arrais reformados ou com outras atividades. Há ainda 11,11% que responderam que a pesca contribui com mais de metade para o sustento do seu agregado familiar, percentagem que corresponde a arrais com outra atividade e reformados. A comunidade piscatória da Serração é onde estão concentrados a maioria dos arrais reformados ou que exercem outras atividades principais, pelo que seria a menos afetada numa situação de falência da pesca. Situação inversa aconteceria na comunidade piscatória da antiga Doca Seca da CP, onde se concentra atualmente a principal capacidade de pesca barreirense.

Qual a parte do rendimento do agregado familiar vem da pesca? (%)	Bico do Mexilhoeiro	Antiga Doca Seca da CP	Palhais	Praia da Torralta	Serração	total
Quase nada	0,00%	5,56%	0,00%	5,56%	11,11%	**22,22%**
Metade	0,00%	5,56%	5,56%	0,00%	11,11%	**22,22%**
Mais de metade	0,00%	11,11%	0,00%	0,00%	0,00%	**11,11%**
Todo	5,56%	22,22%	0,00%	5,56%	11,11%	**44,44%**
Total	**5,56%**	**44,44%**	**5,56%**	**11,11%**	**33,33%**	**100,00%**

TABELA 2 | Parte do rendimento obtido com a pesca pelos pescadores matriculados no Barreiro, desagregado por comunidade piscatória, em percentagem.

Na pesca no Barreiro a mulher também tem um importante papel nesta atividade, sendo que das cinco mulheres na pesca, três são esposas de arrais reformados.

Na Praia da Torralta, Joaquim Manuel Pereira de Almeida tem pontualmente a ajuda da esposa, que não tem cédula marítima.

Na Serração, Edgar Tristão Branco, alcunha "Garinho", tem a ajuda da sua esposa na preparação dos aparelhos de pesca, a qual também não tem cédula de pescadora, e José Duarte dos Santos Semedo, arrais de pesca local, anda à pesca com a sua esposa Maria de Fátima, também arrais de pesca local. Pela necessidade de cuidar dos netos, a sua esposa agora anda menos à pesca, só vai quando estritamente necessário, num quadro mais comum do que o desejado, de quando emergem necessidades familiares são sempre as mulheres que abdicam da profissão para prestar auxílio.

Na antiga Doca Seca da CP, António Marques, arrais de pesca local, opera com a ajuda da sua esposa Carla Reis, com cédula de pescador e inscrita marítima na Delegação Marítima do Barreiro, contando ainda, algumas vezes, com a ajuda de familiares da esposa. Este casal dedica-se sobretudo ao palangre de meia água com amostras e ao palangre de fundo iscado. A esposa começou por andar embarcada, mas tinha "pena" de matar os peixes, e não poucas vezes os retirava dos anzóis e os devolvia ao estuário, o que fez com que apenas ficasse a fazer os trabalhos de terra, a preparar as caixas dos anzóis, e apenas o esposo vai largar e colher os aparelhos. Situação que nos permite refletir sobre como seria diferente a relação do Ser Humano com os recursos haliêuticos, caso a mulher estivesse mais envolvida na pesca em cima do espelho de água, e não apenas, ou maioritariamente, em terra a preparar as artes de pesca.

A quinta mulher na pesca no Barreiro é esposa de um jovem arrais, que faz abrigo na antiga Doca de Pesca da CP, o qual, segundo opinião dos pares, tem tudo para ser um grande pescador no futuro. Trata-se de José Ari Alexandre, arrais de pesca, que andava à pesca com a sua esposa Joana Ferreira, com cédula de pescador e inscrita marítima na Delegação Marítima do Barreiro.

Durante o ano de 2018, quando realizámos a recolha do material empírico, esta pescadora já pouco ajudava na pesca, porque recentemente tinha dado à luz o terceiro filho e as necessidades familiares obrigaram a procurar um trabalho com horário adequado para cuidar dos filhos (o que a pesca não permite).

Em resumo, apenas duas mulheres têm cédula marítimas. As restantes ajudam os maridos nos trabalhos de terra, e por não terem cédula marítima, não fazem descontos para a Segurança Social.

Numa perspetiva de rentabilidade económica da atividade, questionámos os arrais sobre que valor (bruto) tinham de alcançar para considerar que um dia de faina é razoável, e 22,22% responderam 50,00€ (maioritariamente na comunidade da Serração), outros 22,22% responderam entre 60,00€ e 80,00€, 33,34% responderam 100,00€ (maioritariamente na comunidade da Antiga Doca Seca da CP), e 22,22% responderam entre 120,00€ e 250,00€. No mínimo a reposta foi de 50,00€, no máximo foi de 250,00€, o que em média dá o valor de 100,28€. As respostas são muito variáveis, o que demonstra que as espectativas são muito diferentes e estão diretamente relacionadas com o investimento na atividade.

De seguida questionámos os arrais sobre o valor para um dia de faina bom, e 22,22% responderam entre 100€ e 150€, 55,56% responderam entre 200€ e 300€, 5,56% responderam 400€ e 16,67% responderam 500,00€. No mínimo a reposta foi de 100,00€, no máximo foi 500,00€, e em média dá o valor de 275,00€. É na antiga Doca Seca da CP onde é maior a perspetiva de ganhos, principal centro de pesca do Barreiro.

Estes dados permitem-nos compreender que a perspetiva de ganho por embarcação e por dia de faina, na opinião dos arrais, fixa-se no mínimo entre 50€ e 250€ e no máximo entre 100€ e 500€. Em termos gerais, a perspetiva de maior ganho está associada a embarcações de maior porte, com mais tripulantes, e com maior investimento em equipamento e tecnologia a bordo.

Por fim, sobre o nível de satisfação e de motivação para a atividade, as respostas revelam que 33,33% dos arrais estão pouco satisfeitos (das comunidades da Antiga Doca Seca da CP, Praia da Torralta e Serração), 55,56% estão satisfeitos (das comunidades da Antiga Doca Seca da CP, Praia da Torralta, Serração e Palhais), e 11,11% estão muito satisfeitos (das comunidades da Antiga Doca Seca da CP e Serração), o que é positivo.

Sobre o nível de motivação, 11,11% dos arrais estão um pouco desmotivados (das comunidades da Antiga Doca Seca da CP e Bico do Mexilhoeiro), 72,22% estão motivados (das comunidades da Antiga Doca Seca da CP, Praia da Torralta, Palhais e Serração), e 16,67% estão muito motivados (das comunidades da Antiga Doca Seca da CP e Serração), o que é muito positivo.

Os elevados valores de motivação e satisfação, são explicados pelo arranque das obras de beneficiação das instalações, da antiga doca seca da CP - Comboios de Portugal, que se encontravam em profundo estado de degradação, acompanhadas de um importante investimento em equipamentos de ancoragem das embarcações e de movimentação de cargas e equipamentos de frio.

3.3. CARACTERIZAÇÃO DAS TRIPULAÇÕES E FORMAS DE REMUNERAÇÃO.[25]

À data de 31 de dezembro de 2018, nas 21 embarcações de pesca local barreirenses com licença de pesca para a zona rio Tejo, estavam matriculados 23 marítimos, incluído arrais e pescadores, assim distribuídos por comunidades piscatórias: Palhais (4,35%), Bico do Mexilhoeiro (8,70%), Antiga Doca Seca da CP (26,09%), Praia da Torralta (26,09%), e Serração (34,78%).

O baixo número de matrículas de marítimos, pouco mais de um por cada embarcação, espelha o decréscimo desta atividade no Barreiro, e projeta uma nova forma de organizar a atividade, que não tem foco na vida romanceada do pescador, mas na potencialidade económica da atividade pela inovação e aumento da produtividade.

Importa notar que ao nível do número de marítimos por cada embarcação, registam-se as seguintes diferenças: sete embarcações tinham matriculado um tripulante da categoria mínima de arrais de pesca local (33,33%), seis tinham matriculado dois tripulantes (28,57%), uma tinha matriculado três tripulantes (4,76%), e duas tinham matriculado quatro tripulantes (9,52%). Os números não englobam eventuais embarques não registados, nem embarques de não marítimos.

Qaunto à forma de remuneração, 10% recebiam em quinhões (em função do produto da pescaria, e pago em dinheiro), 40% recebiam em dinheiro (valor diário fixo, entre 50€ e 70€), e 50% repartiam o produto da pescaria em partes iguais, ou o mais possível em partes iguais, porque os tripulantes eram todos familiares. No caso dos que recebem em quinhões, a divisão do produto da pescaria é realizada depois de subtraídas as despesas previamente convencionadas, que pode ser de combustível, de manutenção do barco, de utilização das artes, de combustível para o carro que leva o pescado à lota, ou outras.

---

[25] Os dados das matrículas de tripulação foram retirados dos rols de tripulação comunicados pelos armadores à Capitania do Porto de Lisboa e respetivas Delegações Marítimas, que consultámos já depois de validados, garantindo assim a fiabilidade da informação. Representam, por isso, a totalidade da frota. As formas de remuneração foram levantadas através da aplicação do inquérito por questionário, pelo que representam apenas as embarcações inquiridas.

Nas embarcações em que a tripulação é família, como a "Núria", registo n.º B-791-L, o produto da pescaria é "para a casa", e é também a "casa" que paga as despesas que surgem diariamente, ou seja, não existe propriamente uma contabilidade. Estes marítimos são constantes, ou seja, são regularmente matriculados nas mesmas embarcações, tal como acontece com os que dividem o produto das pescarias em quinhões, mas os que recebem uma contrapartida financeira em dinheiro por cada vez que embarcam já revelam alguma inconstância, para além de que são também os que evidenciam mais irregularidade por embarque não autorizado.

Cinco embarcações não tinham rol de tripulação válido (23,81%), quatro da Praia da Torralta e uma da Antiga Doca Seca da CP, o que no caso das embarcações da Praia da Torralta está relacionado com o período de captura da corvina. A pesca da corvina nos últimos anos faz recordar pela semelhança a antiga pesca do cerco uma vez que, tal como acontecia nesse tempo, também as matrículas de tripulação na última meia década, nestas embarcações da Praia da Torralta, se realizam exclusivamente para o período da corvina compreendido entre maio e agosto, que é altura da entrada em cardume no estuário do rio Tejo. O sistema passa por a embarcação ter uma tripulação de base e uma tripulação flutuante, que só é matriculada exclusivamente durante esse período, e logo depois desmatriculada.

Destas embarcações, seis possuiam rol de tripulação coletivo, em parelhas[26]: (i) embarcações "Ari" (B-796-L) e "Pai e Avós" (B-799-L), um tripulante; (ii) embarcações "Augusto dos Santos" (B-734-L) e "Boa Vibe" (B-816-L), dois tripulantes; e (iii) embarcações "Ninôr" (B-806-L) e "Kompensan" (B-808-L), quatro tripulantes. Nestes casos apenas somamos os marítimos uma vez, para evitar duplicação de dados. Por exemplo, no caso das embarcações "Ninôr" (B-806-L) e "Kompensan" (B-808-L), que o armador fez rol coletivo com quatro tripulantes, não obstante cada uma destas poder operar com os quatro tripulantes, apenas se contaram quatro tripulantes (e não oito) para o apuramento total dos marítimos do concelho.

---

[26] Esta situação é possível sempre que duas ou mais embarcações de pesca local sejam propriedade do mesmo armador.

3.4. CARACTERIZAÇÃO DAS ARTES DE PESCA, ZONAS E PERÍODOS DE PESCA, ESPÉCIES DESEMBARCADAS, COMERCIALIZAÇÃO E CUSTOS DE OPERAÇÃO.

No Barreiro predomina a utilização de redes e aparelhos de anzóis, o que inclui a pesca do corrico, cada vez mais em desuso, a piteira, quando não existem outras alternativas, e, muito residualmente, a pesca com arrasto de vara. Em 2018, foram utilizadas todas essas artes, com exceção do arrasto de vara, como se observa nos gráficos a seguir, e não existe espectativa de que volte a ser utilizada, uma vez que a espécie a que se dirige, camarão-mouro (*Crangon crangon*), não está disponível em quantidade que justifique dirigir-lhe a pesca nas zonas onde é autorizado operar com esta arte.[27]

Em 2018, das 21 as embarcações com licença de pesca para a zona do rio Tejo, inquirimos 18, aquelas que efetivamente se dedicam à pesca, como já referimos, e destas, 16 operaram com a branqueira, tresmalho de fundo, dirigida ao choco-vulgar e aos linguados legítimo e branco. A operação decorreu de janeiro a junho e cessou quando começou a intensidade da alforreca. Das quatro artes de redes, esta foi a mais utilizada e superou todas as demais. A título de curiosidade, no passado esta arte foi utilizada com miolo de 60 mm, e não com miolo de 80 mm, como atualmente se utiliza.

A rede de emalhar de um pano, classe de malhagem de 60 a 119 mm, na modalidade fundeada, dirigida a robalos, sargos e douradas, foi utilizada por três embarcações de janeiro a março, e logo a seguir, a mesma rede, também fundeada, na classe de malhagem acima de 120 mm, foi utilizada por sete embarcações, de maio a junho, no Mar da Palha e daí para montante até Alhandra, dirigida às corvinas de grande porte que se deslocam ao estuário para reprodução.

A malha mais utilizada para capturar as corvinas grandes foi de 140 mm, e alguns arrais utilizaram malha de 160 mm. A operação com esta arte cessou na mesma altura em que cessou a operação da branqueira e o motivo foi o mesmo, a intensidade da medusa-do-Tejo. Vulgarmente conhecida como alforreca, estas emalham às centenas nas redes, que por não aguentarem o seu peso juntamente com a força da água, acabam por partir. Em alternativa,

---

[27] Para um conhecimento mais aprofundado sobre as artes de pesca, incluindo a sua regulamentação e espécies a que se dirigem, ver Santos (2022a).

cinco arrais voltaram a operar com a malhagem de 60 a 119 mm, agora na modalidade de deriva, dirigida a robalos, sargos e dourada, basicamente entre julho e dezembro. Na operação com a rede à deriva, as alforrecas acompanham a rede, é mais difícil de emalharem, o que permite a pesca.

O aparelho de anzol de meia água com amostras, dirigido à corvina e aos robalos legítimo e baila, foi utilizado por oito embarcações, de janeiro a dezembro, mas mais intensamente no segundo semestre. Os marítimos que operam regularmente com esta arte, com mais incidência na comunidade piscatória da Serração, no tempo do choco conciliam a sua utilização com a branqueira, e no tempo da corvina com a rede de emalhar de um pano de malha superior a 120 mm. A tradição da pesca do choco é bastante forte no território do concelho do Barreiro e por isso, nos primeiros cinco meses do ano, é quando existem mais artes em operação, e é por isso que independentemente da arte principal que cada mestre utiliza, nestes meses nunca abdicam da pesca ao choco.

Na comunidade da Serração, por exemplo, operam duas embarcações ao palangre de meia água com amostras, ao longo de todo o ano, que não deixaram de operar com redes para o choco-vulgar e para os linguados, no início do ano, nem deixaram de operar com redes para a corvina, entre março e junho, no Mar da Palha. Ao aparelho de fundo de anzol grosso (n.ᵒˢ 7 e 8), iscado na maior parte das vezes com cavala, dirigido ao congro, e ao aparelho de fundo de anzol fino (n.ᵒˢ 10 e 11), iscado na maior parte das vezes com casulo ou camarinha[28], dirigido às enguias e aos linguados, operaram nove embarcações, sensivelmente entre setembro e fevereiro. O aparelho de anzol é uma alternativa nos momentos de muita alforreca no estuário.

De abril a agosto, uma embarcação que pertence à comunidade da Serração operou ao corrico, para capturar sargos, uma pescaria que no passado foi muito intensa neste território, mas está em desuso. Atualmente apenas a comunidade piscatória de Paço de Arcos mantém viva, com relativa intensidade, a tradição de pesca com esta arte. De janeiro a março, essa mesma embarcação operou com canas e linhas de mão, a única do Barreiro a fazer esta pesca. Referir que este proprietário, que exerce a bordo as funções de arrais, tem outra atividade principal, e exerce a pesca de forma complementar nos tempos livres. Dos marítimos que exercem a pesca a

---

[28] Isco camarinha é uma espécie de camarão branco muito atrativo quando vivo. É usado para o robalo, sargo, dourada, etc., principalmente em fundos rochosos.

tempo inteiro, já nenhum utiliza estas artes, ou mostra interesse em vir a fazê-lo. No futuro, estas artes serão um recurso apenas para os marítimos que têm outras ocupações e exercem a pesca de forma complementar, porque não têm interesse em trabalhar com artes mais trabalhosas e dispendiosas, que visam maior rentabilidade a mais longo prazo.

A piteira foi utilizada por nove embarcações, um pouco ao longo de todo o ano, com exceção dos meses de defeso do polvo, em julho e agosto. No entanto, a utilização foi maior quando o polvo estava mais valorizado, e quando o Mar da Palha não estava a ser rentável, como forma de diversificar atividades. Os marítimos não fizeram mais do que cinco dias de pesca por mês, com esta arte, geralmente nas marés pequenas, que são consideradas as boas marés do polvo. Ao contrário do que acontece nas comunidades piscatórias mais a montante, que fazem esta pesca cerca de quinze dias por mês e nesse período deixam as embarcações na doca de Alcântara ou na doca de Pedrouços e deslocam-se de carro, os marítimos do Barreiro trabalham menos tempo com esta arte, mas deslocam-se todos os dias nas suas embarcações para os pesqueiros na foz do rio Tejo, geralmente entre o Bugio e Paço de Arcos. Mesmo as embarcações que normalmente operam com um único tripulante da categoria mínima de arrais de pesca, que é simultaneamente proprietário e arrais, para a pesca do polvo vão tripuladas por dois marítimos, e cada um deles trabalha com duas piteiras, cada uma constituída com seis anzóis, barbelados e iscadas com tainha, ou outras espécies de menor valor que surgem nas redes, mas também aconteceu de serem iscadas com robalos.

O número de artes em operação é maior entre janeiro e maio, período em que operam entre 43 e 46 artes por mês, muito devido à pesca do choco, e depois decresce até agosto, tendo operado neste mês apenas 20 artes, e estabiliza nas 31 artes por mês entre setembro e dezembro.

O valor mais alto de artes em operação por mês, um total de 46, foi registado no mês de março, e o valor mais baixo foi alcançado em agosto, mês em que apenas operaram 20 artes, como se observa no gráfico a seguir.

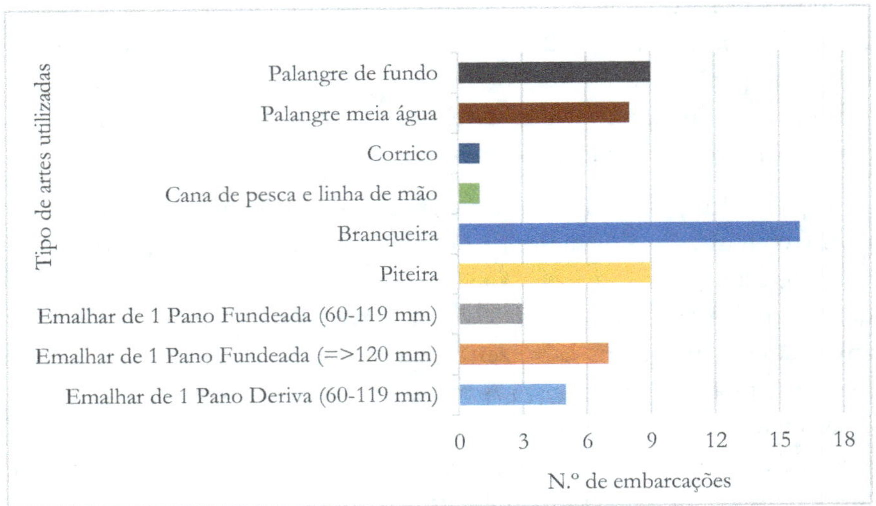

GRÁFICO 1| Tipo de artes utilizadas pelos pescadores registados no Barreiro, desagregado por número de embarcações.

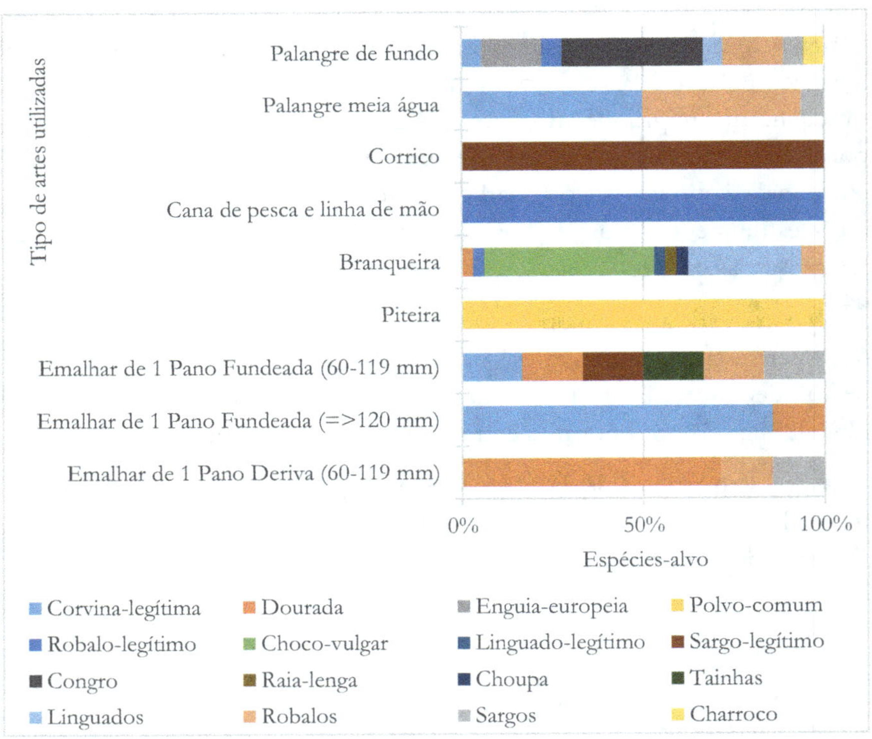

GRÁFICO 2| Tipo de artes utilizadas pelos pescadores registados no Barreiro, desagregado por espécies-alvo.

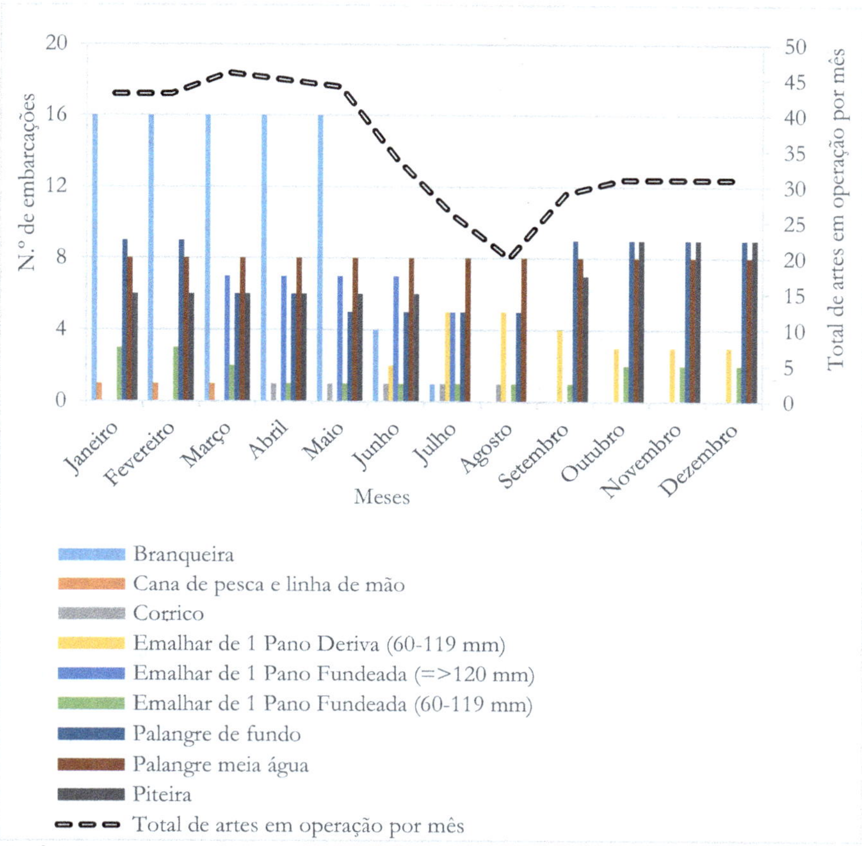

GRÁFICO 3 | Tipo de artes utilizadas pelos pescadores registados no Barreiro, desagregado por n.º de embarcações, meses do ano e arte utilizada.

Para as várias espécies alvo atrás referidas, apresentamos no gráfico a seguir, por espécie, a intensidade com que lhes foi dirigida a pesca, onde podemos observar que a corvina-legítima (16,49%), o choco-vulgar (15,46%), os robalos (14,43% - a que acresce mais 3,09% apenas de robalo-legítimo) e os linguados (11,34% - a que acresce mais 1,03% apenas de linguado-legítimo), foram destacadamente as espécies a que os marítimos barreirenses mais dirigiram a pesca e que têm maior peso económico, seguindo-se o polvo-comum (9,28%), a dourada (8,25%), o congro (7,22%) e os sargos (4,12% - a que acresce mais 2,06% apenas de sargo-legítimo), e, de forma residual, a enguia-europeia (3,09%), a raia-lenga (1,03%), a choupa (1,03%), as tainhas (1,03%) e o charroco (1,03%). O leque de espécies-alvo é bastante heterogéneo, resultante da operação conjunta e equilibrada de redes e aparelhos de anzol.

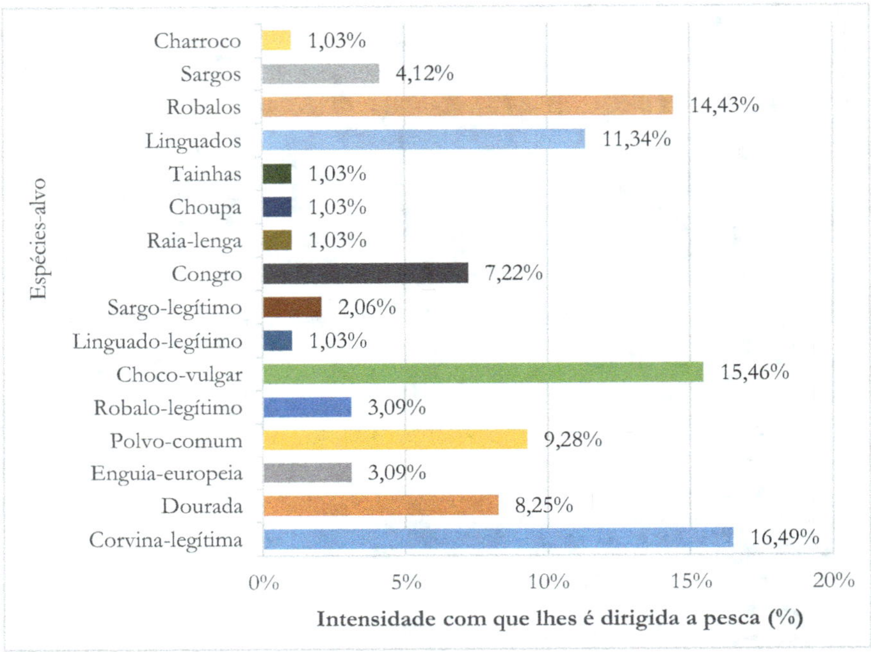

GRÁFICO 4 | Principais capturas pelos pescadores registados no Barreiro, desagregado por espécie, em percentagem.

Ainda sobre as espécies-alvo, indagámos os marítimos que governam as embarcações sobre o nível da disponibilidade observada no triénio entre 2015/18, tendo 57,73% dos inquiridos respondido que se manteve, 27,84% que diminuiu e 14,43% que aumentou, como se observa no gráfico a seguir.

As espécies que reduziram a disponibilidade foram os linguados (5,15%), o polvo-comum (4,12%), o choco-vulgar (3,09%), a corvina-legítima (3,09%), os robalos (3,09%), a dourada (2,06%), a enguia-europeia (2,06%), os sargos (2,06%), o linguado-legítimo (1,03%), o robalo-legítimo (1,03%), e o sargo-legítimo (1,03%).

Estes dados resultam, apenas, da perceção prática dos marítimos, que, naturalmente, pode ser e é influenciada por vários fatores. No caso dos linguados, por exemplo, 6,19% responderam que manteve e 5,15% que diminuíram. No caso do polvo-comum, 4,12% responderam que manteve, igual percentagem que diminuiu e 1,03% que aumentou. No caso da corvina-legítima, 8,25% responderam que manteve, 3,09% que diminuiu e 5,15% que aumentou. Já no caso do choco-vulgar, 11,34% responderam que manteve, 3,09% que diminuiu e 1,03% que aumentou. No caso do robalo-legítimo, 2,06% responderam que aumentou e 1,03% que diminuiu, e, no caso da dourada, 5,15% responderam que manteve, 2,06% que diminuiu e 1,03% que aumentou. Ainda assim, é mais um elemento para medir a resistência das várias espécies deste ecossistema à pesca comercial, e que nos permite perceber que apesar de ¼ dos Camarros considerar ter existido uma redução da abundância de várias espécies, a maioria não encontra qualquer alteração significativa na disponibilidade das espécies que constituem a sua principal base de subsistência.

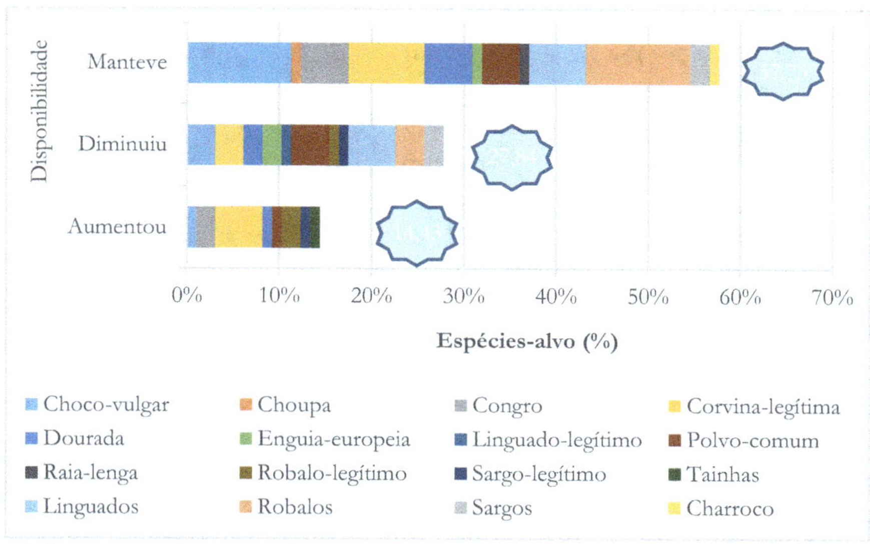

GRÁFICO 5 | Principais capturas pelos pescadores registados no Barreiro, desagregado por espécie, em percentagem.

Sobre os motivos que levaram os marítimos barreirenses a dirigir a pesca a estas espécies, 83,33% assinalou como principal o seu potencial económico, sendo que em alguns casos ainda havia motivações cumulativas: 38,89% ainda referiram que era por terem licença e artes de pesca para essas espécies,

50% por serem espécies das épocas, e 11,11% por outros motivos (testar novos pesqueiros). Existe uma profunda indexação das capacidades às espécies existentes, pelo que qualquer alteração no meio irá obrigatoriamente traduzir-se numa alteração na atividade.

Por comunidades piscatórias, no Bico do Mexilhoeiro os motivos invocados foram o potencial económico para comércio e porque são espécies das épocas. Na Serração, 16,67% responderam que as licenças e as artes de pesca que possuem são para essas espécies, 27,78% o potencial económico dessas espécies para comércio, e 22,23% porque são as espécies das épocas. Na Praia da Torralta imperou o potêncial económico para o comércio (11,11%), e em Palhais foram referidos todos os motivos anteriores, sem distinção. Na antiga Doca Seca da CP, 5,56% responderam que as licenças e as artes de pesca que possuem são para essas espécies, 33,34% o potencial económico dessas espécies para comércio, e 16,67% porque são as espécies das épocas.

No essencial, as questões económicas são determinantes na ação destes marítimos, que também foram questionados sobre o(s) local(is) de comercialização do pescado, tendo a unanimidade dos inquiridos respondido lotas e postos de vendagem explorados pela Docapesca - Portos e Lotas, S. A., essencialmente a lota da Costa da Caparica, sendo espectável algum pescado ser direcionado à comunidade local e ao mercado local.

Para além das espécies-alvo, a que dirigiram a pesca, capturaram diversas espécies acessórias, algumas de elevado valor comercial e que só se capturam ocasionalmente, outras que aparecem muito, mas são rejeitadas por falta de interesse comercial, nomeadamente: abrótea-da-costa, abrótea-do-alto, besugo, bica, bodião (várias espécies), cabra-cabaço (ou cabaço), cações, cação-liso, cangulo, cavala, corvinata-real (ou peixe rainha), linguado-da-areia, linguado branco, lula-vulgar, moreia, pampo, pargo-legítimo, peixe-agulha, pescada-branca, pregado, ruivos, raia-curva, ratão, pata-roxa, rodovalho, salema, salmonete-legitimo, sarda, sargo-safia e outros sargos, sarrajão, sável, savelha, solha-legítima, peixe-espada-branco, solha-das-pedras (patruça), tainha-fataça, tainha-garrento, tainha-liça e tainha-olhalvo.

Quanto aos desembarques, e respetivo valor de comercialização alcançado na rede de postos de vendagem e lotas exploradas pela Docapesca, as embarcações barreirenses com licença de pesca para a zona do estuário do rio Tejo, a maior parte das quais também habilitadas com licença de pesca para águas marítimas, como já vimos anteriormente, durante o ano de 2018 desembarcaram 247.635 Kg de pescado que foram comercializados por 372.776,11€. Destes, apenas 45.942 Kg foram capturados no estuário do rio Tejo (os restantes foram capturados em águas marítimas), tendo sido comercializados por 301.510,49€, o que corresponde ao preço médio de 6,56€/Kg, como se observa na tabela a seguir.

A corvina-legítima foi a espécie mais desembarcada num total de 21.849,40 Kg, comercializados por 154.845,51€, o que corresponde ao valor médio de 7,09€/Kg. A segunda-espécie mais desembarcada foi o congro num total de 6.687,70 Kg, comercializados por 24.131,10€, o que corresponde ao valor médio de 3,61€/Kg. Em terceiro lugar surge o charroco, uma espécie acessória, com 2.626,40 Kg comercializados por 3.318,37€, o que corresponde o valor médio de 1,26€/Kg. Segue-se 2.375,70 Kg de robalo-legítimo comercializados por 35.716,63€, 1.976,80 Kg de polvo-vulgar comercializados por 19.510,93€, 1.848,70 Kg de salema, espécie acessória, comercializados por 1.339,86€, 1.847,60 Kg de dourada comercializados por 25.668,35€, 1.688,60 Kg de choco-vulgar comercializados por 11.833,28€, 1.291,70 Kg de tainhas, em especial tainha-liça, comercializados por 1.274,96€ (o que dá o preço médio de 0,99€/Kg), e 1.151,60 Kg de corvinata-real comercializados por 3.070,63€.

Foram desembarcadas muitas outras espécies, a maior parte sem relevância estatística, mas muitas delas apresentam um elevado valor comercial, nalguns casos acima dos 15€/Kg. No topo da lista está o pregado, comercializado ao valor médio de 25,19€/Kg, seguindo-se o salmonete-legítimo ao preço médio de 24,18€/Kg, o pargo-legítimo ao preço médio de 20,16€/Kg, o linguado-legítimo ao preço médio de 18,72€/Kg, a enguia-europeia ao preço médio de 16,00€/Kg e, por fim, o robalo-legítimo ao preço médio de 15,03€/Kg.

Importa salientar que estes dados, que foram cedidos pela Docapesca - Portos e Lotas, S. A., são referentes à totalidade da frota habilitada com licença de pesca, em 2018, com pelo menos uma arte de pesca para a zona do estuário do rio Tejo, e não apenas à parte da frota cujos arrais foram inquiridos, como já referido. Também não englobam, naturalmente, como é natural, eventuais desvios de pescado para o mercado paralelo.

PESCA COMERCIAL NO CONCELHO DO BARREIRO

Espécies	Quantidade Desembarcada (Kg)	Valor de comercialização (€)	Preço médio (p/Kg)
Abrótea-da-costa	7,10	51,20 €	7,21 €
Abróteas	1,50	6,45 €	4,30 €
Besugo	4,80	32,23 €	6,71 €
Bica	2,50	27,38 €	10,95 €
Bodião	4,00	15,18 €	3,80 €
Cabra-cabaço	3,00	31,60 €	10,53 €
Cação-liso	18,00	163,90 €	9,11 €
Cações	144,90	942,39 €	6,50 €
Cangulo	24,80	103,47 €	4,17 €
Cavala	1,40	6,09 €	4,35 €
Charroco	2 626,40	3 318,37 €	1,26 €
Choco-vulgar	1 688,60	11 833,28 €	7,01 €
Choupa	123,40	439,49 €	3,56 €
Congro	6 687,70	24 131,10 €	3,61 €
Corvina-legitima	21 849,40	154 845,51 €	7,09 €
Corvinata-real	1 151,60	3 070,63 €	2,67 €
Dourada	1 847,60	25 668,35 €	13,89 €
Enguias	1,50	24,00 €	16,00 €
Linguado-da-areia	12,50	142,18 €	11,37 €
Linguado-legítimo	373,00	6 984,32 €	18,72 €
Linguados	50,50	740,97 €	14,67 €
Lula-vulgar	4,90	68,09 €	13,90 €
Moreia	16,40	64,35 €	3,92 €
Pampo	2,00	5,70 €	2,85 €
Pargo-legítimo	18,10	364,97 €	20,16 €
Peixe-agulha	90,00	22,50 €	0,25 €
Pescada-branca	4,60	22,14 €	4,81 €
Polvo-vulgar	1 976,80	19 510,93 €	9,87 €
Pregado	13,80	347,68 €	25,19 €
Raia-curva	106,60	491,84 €	4,61 €
Raia-lenga	258,40	911,20 €	3,53 €
Ratão	96,70	43,68 €	0,45 €
Robalo-baila	289,40	1 594,35 €	5,51 €
Robalo-legitimo	2 375,70	35 716,63 €	15,03 €
Rodovalho	11,50	170,04 €	14,79 €
Ruivo	1,40	3,91 €	2,79 €
Salema	1 848,70	1 339,86 €	0,72 €
Salmonete-legitimo	3,40	82,20 €	24,18 €
Salmonetes	3,40	58,40 €	17,18 €

Sarda	18,20	59,16 €	3,25 €
Sargo-alcorraz	55,00	71,65 €	1,30 €
Sargo-legítimo	615,80	5 732,63 €	9,31 €
Sargos	0,70	8,26 €	11,80 €
Sargo-safia	151,70	748,95 €	4,94 €
Sarrajão	32,90	130,14 €	3,96 €
Sável	6,60	2,93 €	0,44 €
Savelha	2,70	3,38 €	1,25 €
Solha-legítima	20,70	81,87 €	3,96 €
Tainha-fataça	38,90	62,30 €	1,60 €
Tainha-garrento	7,00	6,62 €	0,95 €
Tainha-liça	1 179,30	1 145,59 €	0,97 €
Tainha-olhalvo	44,00	51,16 €	1,16 €
Tainhas	22,50	9,29 €	0,41 €
Somatório	**45 942,00**	**301 510,49 €**	**6,56 €**

TABELA 3 | Espécies capturadas pelos marítimos do concelho do Barreiro no estuário do rio Tejo, respetivas quantidades desembarcadas (Kgs), valor de comercialização e preço médio de venda por quilo (euros) alcançado na rede de postos de vendagem e lotas exploradas pela Docapesca – Portos e Lotas, S.A., durante o ano de 2018. Fonte estatística: Docapesca - Portos e Lotas, S. A. Dados organizados por ordem alfabética de espécies.

Uma parte substancial do valor auferido pelos marítimos com a venda do pescado foi utilizada para suportar os custos de operação, que em 2018 ascenderam a 171.216,00€, como se observa na tabela a seguir.

Este é um assunto importante, porque na impossibilidade de aumentar o rendimento por via do aumento do esforço de pesca, a maior rentabilidade da atividade apenas se pode alcançar com a redução de custos.

A operação das embarcações teve um custo de combustível de 66.250,00€; representa 38,69% da totalidade dos gastos. É a rúbrica que mais onera a atividade, mas, diga-se, onera menos do que acontece nos congéneres, nomeadamente nas comunidades avieiras e nas comunidades da margem sul, o que se explica por existirem no Barreiro embarcações que têm instalado motor interior a gasóleo.

Com seguros, quotizações, vistorias e demais formalidades administrativas foram gastos 12.100,00€ (7,07%), e com a deslocação do pescado para venda em lota foram gastos 19.016,00€ (11,11%), este último um impacto económico significativo que pode ser atenuado.

Estas três rúbricas juntas representam 56,87% dos gastos na atividade. Do lado do investimento, foram utilizados 31.000,00€ (18,11%) na aquisição e reparação de artes de pesca, incluindo material conexo, como redes, ferros, boias, sinalizadores, cabos, linhas e anzóis, 30.400,00€ (17,76%) na manutenção e conservação de embarcações e dos equipamentos a bordo, (nomeadamente na reparação de rombos no casco, tratamento de osmose[29], polimentos, carpintaria naval, pintura de costado e convés, pintura de fundo, etc.), incluindo reparação do(s) motor(es), e 3.080,00€ (1,80%) na aquisição de artigos diversos de apoio à pesca, como ferramentas, bacias, agulhas, baldes, caixas, facas, etc., incluindo artigos de vestuário, como avental, calças de oleado com peitilho, luvas, fato oleado, botas de água meia cana, etc. Com a aquisição de isco (quando são os próprios marítimos a apanhar o isco, apenas se considerou o custo de deslocação ao local da apanha) foram gastos 9.370,00€, o que corresponde a 5,47% do total de gastos.

Custos operacionais da atividade piscatória barreirense, por centros de custo	Despesa (euros)
(i) Aquisição e reparação de artes de pesca, incluindo material conexo (redes, ferros, boias, sinalizadores, cabos, linhas e anzóis), e mão de obra;	31 000,00 €
(ii) Despesa com deslocações, direta ou indireta, para venda do peixe em lota;	19 016,00 €
(iii) Artigos diversos de apoio à pesca, como ferramentas, bacias, agulhas, baldes, caixas, facas, etc., incluindo artigos de vestuário, como avental, calças de oleado com peitilho, luvas, fato oleado, botas de água meia cana, etc.;	3 080,00 €
(iv) Manutenção e conservação da embarcação e dos equipamentos a bordo (reparação de rombos no casco, tratamento de osmose, polimentos, carpintaria naval, pintura de costado e convés, pintura de fundo, etc.), incluindo o(s) motor(es);	30 400,00 €
(v) Seguros/mútua dos pescadores, vistorias e rol de matrícula (Capitania), licença de pesca (DGRM), vistoria de higiene no trabalho, verificação anual de coletes salva-vidas, quotas associações de pescadores, verificação de extintores, gelo, e outras despesas administrativas;	12 100,00 €
(vi) Combustível para a embarcação de pesca, deduzido eventual subsídio recebido da DGRM;	66 250,00 €
(vii) Aquisição de isco (quando são os próprios marítimos a apanhar o isco, apenas se considera o custo de deslocação ao local da apanha, quando aplicável).	9 370,00 €
Somatório	**171 216,00 €**

TABELA 4 | Custos operacionais dos pescadores registados no Barreiro por centros de custo.

---

[29] Osmose é uma doença da fibra de vidro do casco dos barcos. Um casco afetado pode perder até 30% da sua resistência e perder desempenho hidrodinâmico.

No concelho observa-se uma melhor distribuição dos gastos entre aquilo que são as normais despesas de operação e aquilo que se considera investimento, o que é positivo, porque investir significa aplicar capital com expectativa de um benefício futuro, o oposto limita o crescimento da atividade formal.

Por fim, importa referir que o valor dos encargos neste concelho é superior, uma vez que não inquirimos os arrais de algumas embarcações, e, como tal, o rácio em relação ao valor de vendas é menor.

Como observámos anteriormente, o que mais contribuiu para elevar os custos da atividade piscatória foi o combustível, e isso está muito relacionado com o tempo que os marítimos despendem na deslocação para os pesqueiros, com o tipo de arte utilizada e com o tempo de pesca. O tempo de deslocação varia em função do tipo, capacidade e potência das embarcações, do estado do tempo, especialmente do vento (na deslocação para o pesqueiro com vento de Norte demoram mais dez minutos), das marés (se o estuário está a encher ou a vazar), e do perfil dos marítimos que governam as embarcações (se fazem uma navegação furtiva, ou não), motivo pelo qual os inquirimos sobre o tempo mínimo e máximo que demoram a chegar aos pesqueiros, por tipo de arte e por saída, considerando a ida e a volta a partir dos locais onde normalmente fundeiam, como se observa na tabela a seguir. Apresentamos as variações mínima, média e máxima para o tempo mínimo e para o tempo máximo (em minutos), de forma a enquadrar as diversas situações.

A comunidade piscatória de Palhais é hoje constituída por apenas uma embarcação que independentemente da arte que utiliza (redes de emalhar de um pano fundeadas, classe de malhagem de 60 a 119 mm, branqueira ou palangre de fundo), na deslocação de ida-e-volta para os pesqueiros demora entre 10 e 40 minutos, o que nos permite circunscrever a sua atividade exclusivamente ao rio Coina.

Na Praia da Torralta, os marítimos que operaram com redes de emalhar de um pano, classe de malhagem de 60 a 119 mm, em ambas as modalidades (deriva e fundeadas), com palangre de fundo e com branqueira, nas deslocações para os pesqueiros, de ida-e-volta, demoram entre 30 e 90 minutos, o que permite delimitar a sua área de atuação aos esteiros e canais dos rios Coina e Judeu, e ao Mar da Palha (do Terreiro do Paço até à Ponte Vasco da Gama), sendo que, no caso da branqueira, inclui as zonas de pesca "mais à terra", especialmente entre o Barreiro e o Samouco. As deslocações para operarem com a piteira dirigida ao polvo são as mais prolongadas, variam entre 60 e 100 minutos, o que permite delimitar a sua ação entre a Ponte 25 de Abril e Paço de Arcos.

No Bico do Mexilhoeiro, os marítimos das duas embarcações ativas demoraram na deslocação de ida-e-volta para os pesqueiros, na operação com branqueira, com palangre de fundo e com palangre de meia água, entre 40 e 80 minutos, podendo-se circunscrever a sua ação aos rios Coina e Judeu, à Ponta dos Corvos, à Praia do Barreiro, nas adjacências do Canal do Terminal de Sólidos e do Canal do Terminal de Líquidos, na Praia do Lavradio e nos esteiros e canais da Moita/Alhos Vedros. Na operação com a arte da piteira, estes marítimos na deslocação de ida-e-volta para os pesqueiros demoram entre 80 e 110 minutos, o que torna possível fixar a sua operação entre o Bugio e Paço de Arcos.

Os marítimos da antiga Doca Seca da CP e da Serração, que constituem o principal grupo de pesca profissional do Barreiro, expandem a operação a todo o estuário. Na deslocação de ida e de volta aos pesqueiros onde operam com palangre de fundo e com palangre de meia água, demoram entre 25 e 110 minutos, o que permite delimitar a área de operação ao Mar da Palha, desde o Terreiro do Paço até à Ponte Vasco da Gama, tanto próximo do lado Norte, em torno da Cala das Barcas, como próximo do lado Sul, em torno da Cala de Samora I. Os marítimos da comunidade da Serração operaram mais próximo de terra, na frente ribeirinha do Barreiro. A arte do corrico, e a arte de cana de pesca e linha de mão, utilizadas apenas pela tripulação de uma embarcação da Serração, implicaram deslocações de ida-e-volta para os pesqueiros entre 25 e 70 minutos, o que delimita a operação ao Mar da Palha, essencialmente nas imediações do Canal do Terminal de Sólidos e do Canal do Terminal de Líquidos, e, nas contiguidades deste último, da Casa Branca para a Base Aérea n.º 6, do Montijo. Na operação com a arte da piteira, os marítimos fazem deslocações de ida-e-volta que demoram entre 55 e 110 minutos, sendo que no caso da comunidade da Serração o tempo médio mínimo é de 65 minutos e o tempo médio máximo é de 95 minutos, e no caso da comunidade da Doca Seca da CP, o tempo médio mínimo é de 58,33 minutos e o tempo médio máximo é de 92,67 minutos, o que permite delimitar a atuação de ambas as comunidades entre a Ponte 25 de Abril e a linha do Bugio até à frente de Paço de Arcos.

Na operação com redes, quer de emalhar, quer de enredar, a operação faz-se muitas vezes a uma grande distância do Barreiro, o que faz jus à tradição da pesca com redes neste concelho. Quanto à operação com branqueira, tresmalho de fundo, os marítimos da Serração fazem deslocações de ida-e-volta entre 20 e 80 minutos (o tempo mínimo médio é de 25,71 minutos e o tempo médio máximo é de 65,71 minutos), e os marítimos da Doca Seca da CP fazem deslocações de ida-e-volta entre 20 e 120 minutos (o tempo mínimo médio é de 29,38 minutos e o tempo médio máximo é de 65,71 minutos). Com esta rede trabalham "mais à terra", mais perto da "borda de água", e com base nos tempos e deslocação podemos delimitar a zona de operação ao rio Coina, à Ponta dos Corvos (ou Praia do Alfeite), ao rio Judeu, à Praia do Barreiro, nos esteiros e canais da Moita/Alhos Vedros, em frente à Casa Branca e à Base Aérea do Montijo, e em frente ao Samouco e a Alcochete.

Na operação com a rede de emalhar de um pano, classe de malhagem de 60 a 119 mm, na modalidade à deriva, os marítimos fizeram deslocações de ida-e-volta que demoraram entre 25 e 120 minutos, no caso da comunidade da antiga Doca Seca da CP, o que corresponde à operação no Mar da Palha, desde o Terreiro do Paço até os mouchões de Alhandra/Alverca, e entre 20 e 60 minutos, no caso da Serração, o que corresponde à operação no rio Coina e à frente do Barreiro, e daí para o lado do Montijo. Com a mesma rede, mas na modalidade fundeada, os marítimos da antiga doca da Seca fizeram deslocações de ida-e-volta que demoraram entre 25 e 70 minutos, o que podemos delimitar como tendo sido zona de trabalho o rio Coina e redondezas do Canal do Terminal de Sólidos e do Canal do Terminal de Líquidos.

Por fim, a operação com rede de emalhar de um pano, classe de malhagem igual ou superior a 120 mm, utilizada apelas na modalidade fundeada (porque o regulamento de pesca assim o impõe, porque a malha de 120 mm afigura-se como adequada para operar à deriva no Mar da Palha, dirigida às douradas, entre agosto e outubro), levou os marítimos a fazerem deslocações de ida-e-volta que demoraram entre 20 e 120 minutos, o que nos leva a balizar o exercício desta pesca a todo o Mar da Palha, basicamente desde Cacilhas até Alverca, a começar na zona adjacente ao Canal do Terminal de Líquidos.

Estes dados evidenciam a grande área de operação das embarcações de pesca local barreirenses no estuário do rio Tejo, desde Alverca até em frente a Paço de Arcos, o que tem implicações no custo do combustível utilizado pelas embarcações, e aumenta o custo de operação.

	Tempo mínimo (min.)			Tempo máximo (min.)		
	Mín.	Méd.	Máx.	Mín.	Méd.	Máx.
Bico do Mexilhoeiro	**40,00**	**47,14**	**80,00**	**80,00**	**85,71**	**110,00**
Piteira	80,00	80,00	80,00	110,00	110,00	110,00
Branqueira	40,00	40,00	40,00	80,00	80,00	80,00
Palangre meia água	40,00	40,00	40,00	80,00	80,00	80,00
Palangre de fundo	40,00	45,00	50,00	80,00	85,00	90,00
Doca Seca CP	**20,00**	**34,13**	**60,00**	**60,00**	**89,41**	**120,00**
Emalhar de 1 Pano Deriva (60-119 mm)	25,00	33,00	60,00	70,00	88,00	120,00
Emalhar de 1 Pano Fundeada (=>120 mm)	20,00	33,33	60,00	60,00	90,83	120,00
Emalhar de 1 Pano Fundeada (60-119 mm)	25,00	25,00	25,00	70,00	70,00	70,00
Piteira	55,00	58,33	60,00	88,00	92,67	100,00
Branqueira	20,00	29,38	60,00	60,00	85,00	120,00
Palangre meia água	35,00	41,67	45,00	100,00	103,33	110,00
Palangre de fundo	25,00	33,57	45,00	80,00	94,29	110,00
Palhais	**10,00**	**10,00**	**10,00**	**40,00**	**40,00**	**40,00**
Emalhar de 1 Pano Fundeada (60-119 mm)	10,00	10,00	10,00	40,00	40,00	40,00
Branqueira	10,00	10,00	10,00	40,00	40,00	40,00
Palangre de fundo	10,00	10,00	10,00	40,00	40,00	40,00
Praia da Torralta	**30,00**	**45,42**	**65,00**	**60,00**	**83,75**	**100,00**
Emalhar de 1 Pano Deriva (60-119 mm)	30,00	30,00	30,00	90,00	90,00	90,00
Emalhar de 1 Pano Fundeada (60-119 mm)	30,00	30,00	30,00	60,00	75,00	90,00
Piteira	60,00	62,50	65,00	95,00	97,50	100,00
Branqueira	30,00	45,00	50,00	80,00	82,50	90,00
Palangre de fundo	50,00	50,00	50,00	80,00	80,00	80,00
Serração	**20,00**	**32,22**	**70,00**	**55,00**	**71,52**	**110,00**
Emalhar de 1 Pano Deriva (60-119 mm)	20,00	20,00	20,00	60,00	60,00	60,00
Emalhar de 1 Pano Fundeada (=>120 mm)	40,00	40,00	40,00	90,00	90,00	90,00
Piteira	60,00	65,00	70,00	80,00	95,00	110,00
Branqueira	20,00	25,71	30,00	60,00	65,71	80,00
Cana de pesca e linha de mão	25,00	25,00	25,00	70,00	70,00	70,00
Corrico	25,00	25,00	25,00	70,00	70,00	70,00
Palangre meia água	25,00	28,75	35,00	55,00	68,63	80,00
Palangre de fundo	25,00	31,00	35,00	69,00	69,40	70,00

TABELA 5 | Tempo de deslocação para o pesqueiro, por arte e por saída, considerando ida-e-volta a partir do local onde normalmente fundeiam (em minutos).

Também inquirimos os marítimos sobre o número aproximado de dias de pesca por mês, primeiro, para permitir dar uma dimensão real aos valores da tabela anterior, e, segundo, para permitir cruzar esses dados com os dados do número de dias de desembarques em lota, por esta ser uma questão relevante para a sua sustentabilidade socioeconómica, da qual depende, por exemplo, o recebimento do subsidio para a substituição de motores, como é comum ser exigido nos programas operacionais, a determinação do número de dias de mar para efeitos de cálculo da reforma, ou o recebimento do subsídio de gasolina concedido pela Direção-Geral de Recursos Naturais, Segurança e Serviços Marítimos (DGRM).

Este último apoio, que tanto se aplica à gasolina como à mistura (combustíveis), é concedido mediante dois critérios nucleares: número de dias de vendas em lota, atividade que é aferida pela DGRM através do registo existente no SI2P (Sistema Integrado de Informação das Pescas) dos dias de venda em lota comunicados pela Docapesca - Portos e Lotas S.A. (mesmo que uma embarcação faça duas vendas, porque fez pesca nas duas marés, apenas conta uma), e potência propulsora da embarcação (kW). Nas embarcações que têm mais de um motor, apenas um será objeto de atribuição do subsídio, o que tem maior potência propulsora registada no ficheiro da frota.

Como se observa na tabela a seguir, o número médio de dias de pesca é três vezes superior ao número médio de dias de venda em lota, o que se explica por motivos de deficiente organização e regulamentação da atividade, que oneram os proprietários das embarcações, por exemplo, no acesso ao subsídio da gasolina, e, subsidiariamente, por motivos de desembarques fora dos locais autorizados (abastecimento do mercado local).

Número de dias de venda anual em lota da frota Barreiro: médio, mínimo e máximo. Comparações dos valores recolhidos no inquérito por questionário, e os valores cedidos pela Docapesca - Portos e Lotas S.A., com base nos desembarques nas lotas nacionais.					
Dados recolhidos no inquérito por questionário			Dados cedidos pela Docapesca - Portos e Lotas S.A.		
Mínimo	Máximo	Média	Mínimo	Máximo	Média
24 dias p/ano (4 dias * 6 meses)	312 dias p/ano (26 dias * 12 meses)	188,83 dias/ano (16,06 dias/mês)	10 dias p/ano	152 dias p/ano	59,05 dias/ano

TABELA 6 | N.º médio de dias de venda em lota dos pescadores registados no Barreiro, diferenciado por respostas a inquérito e por registos da Docapesca. Fonte: Elaboração própria a partir de informação recolhida junto dos pescadores e dados da Docapesca, S.A.

Sobre o número de meses de operação por ano, questão a qual também inquirimos os marítimos, apurámos que em 83,33% dos casos as embarcações operaram durante os doze meses (ano inteiro). Nas demais situações, 5,56% das embarcações da antiga Doca Seca da CP operaram durante seis meses, e, na comunidade da Serração, houve 5,56% das embarcações que operaram durante nove meses e outros 5,56% que operaram durante onze meses.

Os dados justificam-se, primeiro, pela existência de avarias nos motores, tendo existido pelo menos uma situação em que a tripulação embarcou numa outra embarcação local enquanto o motor estava a arranjar, e segundo, pela existência de proprietários que exercem outras atividades, como já referimos anteriormente.

Também inquirimos os marítimos do Barreiro sobre o número aproximado de horas de trabalho diário, em dia de pesca, para percebermos se o cada vez menor número de inscritos marítimos que tem vindo a obrigar os proprietários, que também exercem a bordo as funções de arrais, a operarem sozinhos, está a originar dias de trabalho muito longos, muitas vezes sem os devidos cuidados de postura ergonómica, o que pode originar problemas de saúde, mas também deterioração das relações afetivas e sociais, fadiga, queda na produtividade, automatismo e perda de significado.

Por comunidade piscatória, no Bico do Mexilhoeiro trabalham no mínimo e no máximo dez horas, porque os arrais das duas embarcações ativas operaram conjuntamente. Na antiga Doca Seca da CP, no mínimo trabalham quatro horas e no máximo catorze horas (média de 11,25 horas). Em Palhais registou-se um mínimo e um máximo oito horas, porque aqui apenas opera uma embarcação. Na Praia da Torralta apurou-se o mínimo de dez horas e o máximo de doze horas (média de 11,50 horas), e na Serração o mínimo de seis horas e o máximo de doze horas (média de 9,23 horas).

Dos dados recolhidos observa-se que os marítimos do concelho do Barreiro dedicam em média dez horas à atividade, com dedicação absoluta à pesca, sendo que, nos extremos, no máximo trabalham 14 horas por dia, e no mínimo 4 horas por dia, como se observa na tabela a seguir. Tanto o valor mais baixo, de quatro horas, como o valor mais alto, de catorze horas, foram registados na comunidade piscatória da antiga Doca Seca da CP, mas o valor médio mais elevado, de 11h50m, foi alcançado na comunidade da Torralta.

As horas de trabalho em dia de faina são muito significativas para uma atividade que requer grande exigência física. No entanto, como já verificámos anteriormente, há muitos dias em que não operam, o que acaba por introduzir algum equilíbrio, não se negando, como é óbvio, que dias de intenso trabalho, intercalados com dias de reduzido trabalho, não é o mais desejado.

Sobre os motivos pelos quais há dias em que os marítimos não operam, questão sobre o qual também os indagámos, a unanimidade respondeu "mau tempo", sendo que 27,78% ainda acrescentaram situações de "doença", 22,22% quando as marés não são boas para a pesca "Ensejo - conforme a maré", 11,11% quando "sentem que não há peixe", e 5,56% quando "têm as embarcações a reparar".

Por comunidades piscatórias, no Bico do Mexilhoeiro são duas as razões para os marítimos não saírem para a pesca: mau tempo e marés que não são boas para a pesca "Ensejo - conforme a maré". Em Palhais é apenas uma, o mau tempo. Na Praia da Torralta são três os motivos, mau tempo, marés que não são boas para a pesca "Ensejo - conforme a maré" e falta de peixe. Na Serração, 33,33% referiram o mau tempo, 5,56% embarcação a reparar, 5,56% marés que não são boas para a pesca "Ensejo - conforme a maré" e 11,11% falta de peixe. Na antiga Doca Seca da CP, 44,44% referiram o mau tempo, 5,56% marés que não são boas para a pesca "Ensejo - conforme a maré" e 22,22% doença. Não se pode deixar de notar que, não pescar por motivos de doença apenas foi referido nesta última comunidade piscatória, o que permite a inferência, ou os marítimos têm uma saúde de ferro, o que não se dúvida, ou vão trabalhar mesmo sem estarem em boas condições de saúde.

Salientar que não existe contradição quando o motor de uma embarcação deixa de funcionar, por exemplo, os tripulantes podem optar por ficar parados, como acontece nas situações em que responderam nesse sentido, ou podem embarcar em outra embarcação de um camarada amigo, o que é fácil de se proporcionar dada a elevada quantidade de embarcações a operarem com um único marítimo da categoria mínima de arrais de pesca local.

Apesar de não terem existido recentemente fenómenos meteorológicos extremos, os marítimos do Barreiro encontram nesse fator natural o principal motivo para não saírem para a pesca.

Por fim, têm vindo a ser publicados estudos que projetam uma alteração significativa nos padrões globais de biodiversidade marinha, com migrações intensas de espécies para maiores latitudes, devido ao impacto das alterações climáticas, o que a acontecer afeta sobremaneira a zona do Tejo.

Por esse motivo, indagámos os marítimos do Barreiro sobre eventuais alterações na época de pesca dos peixes migradores com interesse comercial, nomeadamente da corvina-legitima, devido a alterações do clima, tendo 66,67% respondido que não, e 33,33% respondido que sim.

Os marítimos das comunidades piscatórias do Bico do Mexilhoeiro, Palhais e Praia da Torralta, que são as mais pequenas, por unanimidade responderam não. Na antiga Doca Seca da CP, 27,78% responderam não, e 16,67% responderam sim, e na Serração 16,67% responderam não, e idêntica percentagem respondeu sim, sendo esta, portanto, a comunidade mais preocupada com os efeitos das alterações climáticas.

Os marítimos que responderam que não existem alterações, justificaram que, desde sempre, a alteração das temperaturas tem alterado os períodos de pesca, muito antes de se falar em alterações climáticas, situação que dizem normal e a que já estão acostumados.

Os demais entendem que, efetivamente, sempre existiram alterações, no entanto, as oscilações nos períodos de captura das espécies migradoras são agora mais intensas e mais extremas, nomeadamente em relação à corvina-legítima, que atrasa, em vez que entrar no estuário em março, começa a chegar em maio, e o choco-vulgar, que adianta, em vez entrar em abril/maio, começa a chegar em fevereiro/março (antes era capturado entre maio e agosto, quando as águas estavam mais quentes). No caso da dourada, que antes aparecia em maio, agora começa a aparecer em março. Em resumo, alguns peixes atrasaram, outros adiantaram, aproximando o período de captura à força da alforreca, o que condiciona muito a pesca com redes.

Os marítimos também indicaram que não poucas as vezes encontram corvinas acabadas de entrar no estuário para a reprodução, a boiarem à superfície, que retiram da água com o enxalavar[30], o que dizem acontecer devido à diferença de salinidade. Quando isto acontece dizem que o peixe está "enjoado".

---

[30] Enxalavar é um saco de rede miúda, de forma cónica, com um arco de ferro ou de madeira na boca, que serve para apanhar da água e transportar o peixe de um lado para outro.

3.5. CARACTERIZAÇÃO ASSOCIATIVA, DE SEGURANÇA E GOVERNANÇA E DA RELIGIOSIDADE DOS MARÍTIMOS.

No Barreiro durante muito tempo não existiu qualquer associação de pesca profissional, o que não invalidava que alguns marítimos barreirenses, conscientes de que os pescadores juntos são mais fortes, participassem, interviessem e ajudassem a melhorar o sector da pesca local.

Rogério Antunes Pereira Correia, proprietário, armador e arrais de pesca da embarcação "Sol Brilhante", conjunto de identificação B-779-L, que começou a trabalhar na pesca na arte do cerco do seu pai e hoje um dos mais antigos pescadores do Barreiro, foi durante vários anos o exemplo dessa expressão organizada ao desempenhar o cargo de Vice-Presidente da ALA–ALA - Associação de Pesca, que também utiliza informalmente a designação de Associação de Pesca Artesanal, Local e Costeira e de Apoio Social aos Pescadores, com sede na Costa da Caparica (Almada). A existência de um representante da ALA–ALA no Barreiro, especialmente com tal protagonismo e reconhecimento pelos pares, estendia a abrangência de atuação dessa Associação a este território, levando a que vários arrais e armadores do Barreiro a integrassem como sócios.

Ao nível associativo, no cômputo geral, 61,11% dos arrais estão inscritos em organizações associativas, dos quais 55,56% na ALA–ALA – Associação de pesca e 5,56% no Sindicato dos Trabalhadores da Pesca do Sul (STPS), e apenas 38,89% não estão inscritos em qualquer destas organizações.

Na comunidade da antiga Doca Seca da CP, que é a maior, 38,89% dos arrais estão inscritos na ALA–ALA – Associação de pesca, e apenas 5,56% não estão inscritos em qualquer organização associativa, o que se explica por o mestre Rogério Antunes Pereira Correia, que é respeitado na comunidade, ter durante muito tempo exercido o cargo de Vice-Presidente da ALA–ALA - Associação de Pesca. Na Praia da Torralta, um arrais está inscrito no Sindicato dos Trabalhadores da Pesca do Sul (STPS), e um outro não é sócio de nenhuma organização. No Bico do Mexilhoeiro, os arrais não integram qualquer organização associativa, ao contrário do que acontece em Palhais, em que o único arrais que aqui opera é sócio da ALA–ALA – Associação de pesca. Na Serração, 22,22% dos arrais não integram qualquer organização associativa, e os demais 11,11% são sócios da ALA–ALA – Associação de pesca.

No cômputo geral, 55,56% destes arrais dizem-se sócios da ALA–ALA – Associação de pesca, e 5,56% dizem-se sócios do Sindicato dos Trabalhadores da Pesca do Sul (STPS), mas muitos deles não encontram motivos para vir a estar.

Referir ainda que, dos arrais estão inscritos em organizações associativas (61,11%), 22,22% consideram que a organização a que pertencem não tem uma função relevante (16,67% da antiga Doca Seca da CP e 5,56% da Praia da Torralta). Na opinião destes arrais, a inscrição num movimento associativo não resulta numa mais-valia para a sua atividade, especificamente na parte que mais lhes interessa, na gestão e organização da pesca profissional.

No âmbito da governança, sobre a avaliação que os arrais fazem do desempenho das instituições que regulam e fiscalizam a atividade piscatória, 33,33% responderam nada satisfeitos, 50% pouco satisfeitos e 16,67% satisfeitos.

Por comunidades piscatórias, os arrais do Bico do Mexilhoeiro estão nada satisfeitos, e o arrais de Palhais está satisfeito. Na Praia da Torralta, 5,56% não estão nada satisfeitos, e outros tantos estão pouco satisfeitos. Na antiga Doca Seca da CP, 16,67% não estão nada satisfeitos, 22,22% estão pouco satisfeitos, e 5,56% estão satisfeitos. Na Serração, 5,56% estão nada satisfeitos, 22,22% estão pouco satisfeitos, e 5,56% estão satisfeitos.

Nenhum arrais indicou estar muito satisfeito, o que em parte se justifica pela atividade ilícita da apanha de amêijoa-japonesa com recurso ao arrasto de ganchorra, que tem sido sinalizada por estes arrais como danosa para a sua atividade, mas as suas reivindicações não têm merecido a atenção necessária pelas autoridades competentes.

Estes arrais salientaram, de forma unânime, que nunca as instituições lhes perguntaram o que era possível fazer para melhorar a pesca no estuário do rio Tejo, sentem que são ignorados, e, no oposto e também de forma unânime, defenderam que deveriam ser envolvidos nos processos de tomada de decisão, única forma que para eles poderá fazer a diferença na melhoria da atividade que escolheram e que querem continuar a exercer.

Sobre a segurança a bordo, os arrais indicaram que nas suas embarcações todos sabeam nadar e boiar, e têm conhecimentos de primeiros socorros, questão importante uma vez que, como sabemos, os inscritos não marítimos, independentemente da experiência, podem não possuir qualquer tipo de formação, nomeadamente na componente de segurança, podendo mesmo nem saber nadar.

Em relação à segurança na navegação, questionámos os arrais se no exercício da atividade piscatória é normal existirem muitos acidentes sobre o espelho de água, tendo 66,67% respondido que não, dos quais, 33,33% da antiga Doca Seca da CP, 5,56% do Bico do Mexilhoeiro e outros tantos da Praia da Torralta, e 22,22% da Serração. Os demais arrais, que representam 33,33%, dos quais, 11,11% da antiga Doca Seca da CP, 5,56% de Palhais e outros tantos da Praia da Torralta, e 11,11% da Serração, responderam que existem alguns acidentes. Refira-se o que pode ser a resposta simpática a esta questão, uma vez que os acidentes na maioria das vezes não são comunicados à Polícia Marítima, porque ocorrem em situações de ilícito.

Quanto às questões da segurança de pessoas e bens, indagámos os arrais se já lhes tinha sido furtado ou danificado material de pesca, tendo apenas 5,56% respondido nunca e os demais respondido algumas vezes (22,22%), frequentemente (38,89%) e muito frequentemente (33,33%).

Os furtos têm martirizado a atividade piscatória. São muito frequentes nas comunidades do Bico do Mexilhoeiro e da Praia da Torralta, que são os locais mais degradados, desprezados e perigosos da zona ribeirinha do Barreiro, e frequentes em Palhais, o que decorre do isolamento do local, da falta de segurança, e do facto de apenas uma embarcação aqui fazer porto de abrigo.

Nas demais comunidades piscatórias também ocorrem furtos e são preocupantes, quer em terra quer no mar, o que muda é apenas a intensidade, sendo de destacar o facto de um arrais da comunidade da Serração ter reportado que nunca lhe foi furtado ou danificado qualquer material de pesca no estuário. Os dados demonstram que muito existe a fazer tendo em vista a segurança dos pertences dos marítimos.

A fé e a religiosidade dos pescadores, que em tempos passados esteve muito viva nos homens que operavam as muletas de tartaranha em águas marítimas e interiores, mais tarde renovada pelos profissionais ligados ao rio que operavam no tráfego local e na pesca do cerco, perdeu toda a preponderância. Apenas 5,56% dos arrais inquiridos, ou seja, apenas um arrais da antiga Doca Seca da CP, que é o mais antigo e mais experiente, e que tem menos tecnologia a bordo, referiu ser devoto de São Pedro, a quem pede para que não lhe aconteça nada de mau no espelho de água enquanto anda a pescar. Os demais arrais, que correspondem a 94,44%, regem a atividade piscatória no rio com base em critérios de racionalidade e técnicos (qualidade do material, potência das embarcações e tecnologia a bordo), o que evidencia bem a evolução desta pequena pesca.

Por fim, importa salientar que quando durante o ano de 2019 realizámos o inquérito por questionário sentimos que se estava a instalar uma nova dinâmica neste território promovida por dois jovens recém-chegados à pesca local, descendentes de pescadores que curiosamente não tinham a pesca como atividade principal, mas eram defensores de maior diálogo com as instituições públicas.

Começou a fervilhar a ideia da constituição de uma associação de pesca local com o objetivo de lutar pela melhoria das condições de trabalho, porque há décadas reclamavam a necessidade de um porto de abrigo e de melhores infraestruturas de apoio em terra, nomeadamente para arrumos de artes e apetrechos de pesca. Estes jovens iniciaram o diálogo com a edilidade tendo em vista a reabilitação da antiga Doca Seca da CP, que evoluiu de forma favorável, e nesse seguimento foram incentivados a constituir uma Associação de Pesca.

Este processo foi conduzido por Tiago Amorim, um jovem arrais descendente de pescadores, recém-chegado à pesca, que compatibiliza o exercício de profissão (Polícia de Segurança Pública) com a pesca profissional, e com grande determinação, dinâmica e bom senso, deu um impulso decisivo a todo este processo.

Começou por ser constituída, no Barreiro, uma delegação da ALA–ALA - Associação de Pesca, localmente conhecida como "ALA-ALA Barreiro", com sede na Av. Batalhão de Sapadores Caminhos de Ferro, na antiga Doca Seca. Esta Delegação tinha como objetivos: (i) promover uma pesca sustentável e amiga do ambiente tendo por base o respeito pelas épocas das capturas e tamanhos do pescado; (ii) desenvolver ações de combate à poluição no rio Tejo; (iii) auxiliar os associados em todos os aspetos burocráticos da atividade piscatória, tratando de assuntos relacionados com licenças de pesca, Capitania e ações de formação; (iv) auxiliar na promoção de cursos de pescador e de arrais de pesca local.

Pouco depois, em meados de 2019, como já anteriormente referimos, foram iniciadas obras na antiga doca seca da Comboios de Portugal tendo em vista melhorar as condições de trabalhos dos armadores que a utilizam quotidianamente, mas também para criar condições para que este local pudesse receber no todo ou pelo menos uma parte dos demais armadores espalhados um pouco por toda a zona ribeirinha do espaço concelhio, sendo espectável que nos próximos anos se verifique uma concentração das embarcações na antiga doca seca, e, consequentemente, uma redução na dispersão dos agrupamentos piscatórios.

No ano seguinte, mais um passo de afrimação da comunidade piscatória barreirense. A 9 de março de 2020, João Augusto de Assunção Santos, proprietário e armador da embarcação "Augusto dos Santos", registo n.º B-734-L, e Joana Sofia Tavares Duarte de Lima Ferreira, esposa de José Ari Mira Alexandre, proprietário, armador e arrais da embarcação "Ari", registo n.º B-796-L, constituíram a associação "Os Camarros – Associação de Pesca Local", com o fim de apoio social, burocrático e formativo no âmbito da atividade piscatória local barreirense.

No primeiro ano a Associação foi presidida por João Augusto de Assunção Santos, e desde abril de 2021 que está a ser presidida por Rogério Antunes Pereira Correia, decisão que teve a unanimidade dos sócios.

A "crise do associativismo", que é intensa no cluster piscatório do estuário do rio Tejo e agrava muitos dos fenómenos negativos de que padece a atividade, parece não afetar o Barreiro. A população piscatória barreirense incentiva a cooperação e a integração entre indivíduos visando proporcionar o crescimento de todos, e, porque todos têm algo em comum, tem vindo a dar resultado.

3.6. CARACTERIZAÇÃO DE ATITUDES E COMPORTAMENTOS QUOTIDIANOS TENDO EM VISTA UM CAMINHO MAIS PRÓSPERO E SUSTENTÁVEL NAS PESCAS.

As artes de pesca perdidas ou abandonadas pelos pescadores têm uma ação lesiva sobre as espécies marinhas, motivo pelo qual questionámos os arrais sobre a intensidade com que perdem artes na faina, tendo 66,77% respondido que perdem, dos quais 50% algumas vezes e 16,67% frequentemente, e 33,33% responderam que nunca perdem, ou, se perdem, sempre as recuperam.

Nas comunidades de Palhais e Praia da Torralta os arrais responderam por unanimidade que algumas vezes perdem redes, e na comunidade do Bico do Mexilhoeiro responderam que nunca perdem artes. A maior parte da comunidade da antiga Doca Seca da CP referiu algumas vezes perder artes, sendo que na comunidade da Serração a maior parte dos arrais respondeu nunca perder artes.

É uma questão importante, e isso explica-se pela dinâmica natural da atividade, que impele os arrais a localizarem as artes de pesca perdidas para em terra aproveitar cabos, chumbos e boias, material que é bastante dispendioso.

Ainda neste âmbito, para percebermos as principais prioridades, indagámos os arrais sobre o que mais os preocupava quando ocorria perda de artes, e 5,56% não mostraram qualquer preocupação, 11,11% manifestaram apenas preocupações económicas e 83,33% mostraram preocupações económicas, quer pela aquisição de novas artes, quer pelos danos que as artes perdidas podem fazer nos motores e nas embarcações, e preocupações ambientais e ecológicas, como danos no ecossistema. Referir que apenas 27,78% receia que as artes perdidas possam vir a provocar danos nos motores e nas embarcações, como se observa no quadro a seguir.

Este baixo grau de preocupação sobre os efeitos colaterais e externalidades negativas produzidos por artes e instrumentos de pesca, voluntária ou involuntariamente descartadas ou abandonadas no meio marinho por parte dos pescadores, alguns dos principais interessados pela manutenção das condições ótimas de pesca no estuário do Tejo é preocupante. Tais posturas devem ser alvo de correção nomeadamente através de ações formativas e essa missão deveria, desde logo, mas não descartando a intervenção de outros atores, pertencer às Associações e Organizações socioprofissionais.

Ao contrário do que acontecia no tempo do cerco (ou tapa-esteiros), em que os marítimos iam "aviados" para o rio, neste momento nenhum arrais confeciona alimentos a bordo, nem os leva já preparados de terra para consumir a bordo, com exceção de pequenos lanches constituídos de sandes, fruta e bebida, quando realizam pescarias superiores a quatro horas de faina, o que poucos fazem.

As refeições a bordo, que nos tempos passados muitas vezes eram realizadas com o peixe por eles capturado, acabaram. Ademais, segundo indicaram os arrais, atualmente já não é feita a preparação de pescado na embarcação, nem para seu consumo, nem para venda, até porque as lotas onde estes mestres entregam o pescado não o determinam. Com uma exceção: um arrais da comunidade piscatória da antiga Doca Seca da CP, que corresponde a 5,56%, prepara a bordo os safios, uma das suas principais pescas, de acordo com as normas da lota onde os entrega, em Sesimbra. Os safios são entregues eviscerados e as entranhas são lançadas ao estuário.

Sobre a substituição dos óleos, 77,78% dos arrais indicaram realizar esse trabalho com as embarcações em seco, e 22,22% fazem-no com as embarcações na água. Os marítimos das comunidades piscatórias do Bico do Mexilhoeiro, Palhais e Praia da Torralta, não têm outra alternativa ao realizar a substituição dos óleos que não seja no espelho de água, uma vez que os locais onde fundeiam são precários e não tiveram intervenção humana. Geralmente estes arrais deixam as embarcações numa zona entremarés onde sabem que o fundo é de areia, para não se enterrarem no lodo, e esperam a maré-baixa para fazerem a manutenção em seco, como a limpeza do fundo, a pintura do casco, a substituição do óleo da caixa de velocidades, conhecido como "valvulina da caixa", e pequenos arranjos e trabalhos de modernização que se mostrem necessários.

A substituição do óleo do motor é realizada com uma bomba manual, constituída por uma mangueira que é colocada pelo sítio da vareta do óleo, que suga o óleo para uma vasilha. Na verdade, a realização deste trabalho é em seco, mas como as embarcações não saem efetivamente fora da água, responderam que fazem a substituição na água.

Os marítimos das comunidades da antiga Doca Seca da CP e da Serração utilizam a rampa junto à antiga Doca Seca, que fica a descoberto na baixa-mar, para fazerem a manutenção das embarcações, com exceção da simples mudança do óleo do motor, que a realizam no espelho de água, junto ao cais modular flutuante, utilizando a bomba manual para sugar o óleo que, segundo informaram, mitiga a ocorrência de fugas. Aliás, os arrais foram perentórios a referir que durante o trabalho de mudança de óleos, nunca ocorrem fugas para o espelho de água porque eles tomam todas as precauções, e utilizam o equipamento adequado, para que isso não aconteça.

Sobre o destino que é conferido aos óleos usados, 72,22% dos arrais fazem eles próprios a mudança dos óleos das embarcações e guardam consigo esses óleos, em especial o "óleo queimado do motor", para realizaram trabalhos de conservação na madeira, e os demais 27,78%, dos quais 22,22% da comunidade da antiga Doca Seca da CP e 5,56% da comunidade da Serração, contratam mecânicos para realizar a manutenção do motor das embarcações, e são esses que se responsabilizam por levar os óleos usados para valorização.

Os pescadores são polivalentes e só não substituem os óleos das embarcações dotadas com motor interior, sendo que estas, como já vimos, estão concentradas na comunidade da antiga Doca seca da CP, motivo pelo qual é nesta comunidade que é significativamente maior a percentagem de arrais que contrata mecanico especializado para fazer a manutenção do motor da embarcação.

Sobre a frequência com que os arrais apanham resíduos na faina, 38,89% respondeu algumas vezes, 33,33% frequentemente e 27,78% muito frequentemente, o que dá conta de uma situação de elevada poluição do fundo do estuário do rio Tejo. São os arrais das comunidades da antiga Doca Seca da CP e da Serração que mais referiram esta problemática, sendo que são estes que estendem a sua operação a zonas mais distantes do Barreiro, o que pressupõe que o nível de poluição é transversal a todo o espelho de água, questão que será revista com maior acuidade no próximo capítulo.

Sobre os tipos de resíduos que os marítimos apanham nas artes, 94,44% respondeu plásticos diversos, seguidos de outros resíduos, como metal, madeiras, tecidos diversos, produtos de higiene, pedaços de artes de pesca, equipamento tecnológico e vidro.

A quantidade de plásticos presentes na coluna de água, nas margens, esteiros e meandros, nas suas diversas formas e formatos (meso, micro e nano), recolhidos de amostras de bivalves, aves mortas e dos sedimentos, é uma realidade de dimensão ubíqua. Relevam estudos recentes realizados um pouco por todo o Tejo, em que todas as amostras recolhidas estavam contaminadas com microplásticos (Cunha, 2012; Gonçalves, 2016), sendo que o esteiro do Coina, meandros, sapais e areais foram identificadas como um *hotspot* de concentração de lixo plástico marinho (Moreira, 2021), um problema de natureza multifacetada que tende a se agravar se não forem tomadas medidas severas e efetivas de mitigação e limpeza, como se dará conta no capítulo seguinte.

Sobre o destino que os arrais dão a esses resíduos que lhes aparecem nas artes de pesca, 22,22% devolve-os ao estuário, e os demais 77,78% trazem para terra, caso as suas embarcações o possibilitem, e destes, em terra, 50% larga onde lhe for possível e 27,78% assegura o encaminhamento adequado.

É nas comunidades do Bico do Mexilhoeiro, Palhais e Praia da Torralta que menos se realiza o transporte para terra dos resíduos capturados no estuário, o que acontece por falta de sensibilização dos marítimos, pela menor capacidade das suas embarcações, e por não existir nestas comunidades depósitos de resíduos, sendo que, apesar de isso não constituir obstáculo ao efeito prático da ação, não cria o incentivo necessário à sua prática.

No oposto, é nas comunidades da antiga Doca Seca da CP e da Serração que mais resíduos são transportados para terra, em especial na primeira, única que dispõe de contentores do lixo onde os marítimos podem depositar os resíduos que transportam do mar.

Enquanto a edilidade não alcança o objetivo de juntar na antiga Doca de Pesca da CP todos os armadores e arrais deste território, fazia sentido que colocasse contentores nos locais onde quotidianamente os arrais atracam as embarcações, para os incentivar a trazer para terra os resíduos que lhes aparecem nas artes e que as suas embarcações podem transportar. Notar que estes resíduos geralmente são alados mecanicamente, e por isso podem ser de grande volume, o que não é possível retirar do fundo do rio nas campanhas de voluntariado, sendo que essas também escasseiam.

A questão do ambiente insalubre, contaminado e conspurcado que rodeia a maior parte das comunidades piscatórias, deveria ser alvo, com caráter de urgência, de atenção por parte da autarquia. De modo a também desincentivar o descarte de todo o tipo de lixo por parte de pescadores e transeuntes, conforme as áreas de intervenção, devem ser instalados contentores de lixo orgânico e ecopontos assim como recipientes onde se possam colocar os óleos usados, procedendo-se obviamente à sua atempada recolha e devido encaminhamento.

4. O IMPACTO DAS ATIVIDADES HUMANAS SOBRE O ESTUÁRIO DO RIO TEJO, DO PASSADO AO PRESENTE, E CONSEQUÊNCIAS PARA A PESCA COMERCIAL.

O impacto negativo das descargas de substâncias poluentes de origem antropogénica no estuário do rio Tejo, nos ecossistemas e para a saúde humana, ainda carece, por incrível que pareça, de estudos aprofundados. Não sendo este o local apropriado para o fazer, neste capítulo ater-nos-emos a elaborar uma breve resenha dedicada ao impacto da poluição, de várias origens, sobre as zonas que constituem o território do Barreiro.[31]

A abertura do primeiro troço ferroviário ao Sul do Tejo - entre o Barreiro e Vendas Novas - em 1861, protenciou o desenvolvimento industrial do Barreiro, registando-se a partir desse momento uma forte concentração industrial ao longo do arco ribeirinho delimitado pela península, que durante mais de um século e meio caracterizou o concelho. No último quartel de oitocentos já aí estavam implantadas algumas infraestruturas críticas para a economia do país.

A linha ferroviária do Sul potenciou o surgimento de indústrias metalúrgicas e metalomecânicas, por exemplo, para a manutenção de material

---

[31] Para um conhecimento mais aprofundado sobre a problemática da poluição no rio e estuário do Tejo, incluindo uma revisão aprofundada da literatura disponível, ver Santos (2022b).

circulante e de via, e também da indústria corticeira, cujos primeiros fabricos datam de 1865.

No final do século XIX, o Barreiro já era um dos centros corticeiros mais importantes do país, empregando cerca de mil operários.[32] Existiam ainda explorações agropecuárias, suiniculturas, matadouros e explorações vinícolas.

Devido à natureza e à escala, o impacto que estas atividades produziam sobre o ambiente e sobre a saúde das populações era diminuto, constituía uma pálida imagem do que viria ocorrer com a instalação da indústria química no Barreiro, em 1907, pela mão de Alfredo da Silva, em terrenos contíguos à malha urbana, muito pouco densa na altura, mas cujo crescimento ficou a partir desse momento estrangulado, realidade que se mantém até aos dias de hoje, mesmo que parte do território da atual Baía do Tejo tenha começado a ser aberto à circulação rodoviária.

Essa indústria química orgânica de base que produzia sabões a partir do bagaço da azeitona, óleos e estearinas, com a ulterior expansão da atividade, nomeadamente aos adubos químicos sulfatados, foi-se transformando numa indústria altamente nociva para o ambiente e saúde das populações.

As atividades de fundição, caldeiraria e da fiação de sacos de juta para ensacar o café produzido nas colónias, assistiram ao surgimento das unidades de processamento de ácidos sulfúrico e clorídrico, de enxofre, sulfato de cobre, etc. Os subprodutos dessas atividades, na forma de poluição atmosférica e de resíduos lançados ao rio, a partir dos anos 20 do século XX deram origem à imagem de marca da Vila operária das chaminés fumegantes, a qual perdurou até finais do século, embora essa perceção ainda se mantenha ativa.

Em 1942, ano da morte de Alfredo da Silva, o artífice por detrás do surgimento do empório industrial, comercial e financeiro que a Companhia União Fabril (CUF) já era nessa altura, o desenho daquilo que viria nas décadas seguintes a ser um modelo de "autossuficiência intersectorial", já se encontrava delineado.

Muitas destas indústrias/atividades nascentes foram fomentadas pela Lei nº 2005 de 1945, do fomento e reorganização industrial, promulgada por

---

Salazar (Lima, 1982; Reis, 1987; Rodrigues & Lima, 1987).

A poluição gerada por estas indústrias provocava desiquilibrios no ecossistema e alterava as dinâmicas dos recursos halieuticos, tornando-se no maior obstáculo à indústria da pesca no estuário do rio Tejo. Mas o incremento e a diversificação das atividades industriais a escala nunca vista, em que a lógica subjacente às medidas de mitigação se resumiam a fazer crescer a altura das chaminés – sem qualquer efeito prático –, eram augúrio do pior que estaria por vir.

A partir da década de 50 do século XX, a diversificação industrial da CUF tomou um fulgor reforçado e sem paralelo em termos nacionais ou mesmo peninsulares: o "maior potentado económico da Península Ibérica", nas palavras do historiador Fernando Rosas. Às indústrias existentes começam a instalar-se outras de elevada pegada ambiental: as metalurgias do ferro a partir da queima de pirites das minas de Aljustrel e de S. Domingos, no Alentejo, do cobre, do chumbo, da prata e do ouro, do azoto, das tintas, óleos alimentares, adubos sintéticos e de rações para animais. Há que adicionar todo o tipo de atividades subsidiárias ou conexas: atividades portuárias e de estiva, produção de energia elétrica, de vapor, de ar comprimido entre outras.

Grande parte dos efluentes escorriam para o rio sem passarem por qualquer tratamento depurativo naquilo que era visto como uma consequência desagradável, mas necessária do "progresso", tal como o conceito era entendido à época. Por exemplo, em 26 de agosto de 1966 ocorreu um grave acidente que consistiu na descarga de 700 toneladas de ácido sulfúrico para o estuário do rio Tejo pela CUF, o qual desferiu uma machadada significativa nas ostreiras do estuário (Soares, 2012). De notar que este tipo de procedimentos, voluntários ou por incúria, não eram exclusivos do modelo extrativista nacional: era natural que assim fosse um pouco por toda a Europa industrializada porque o conceito de Desenvolvimento Sustentável ainda tardaria a surgir como premissa necessária para manter o equilíbrio ecológico e a sobrevivência das espécies, incluindo a humana.

Os finais dos anos 60 assistiram ao surgimento de outros polos industriais nas proximidades que seguiram o mesmo modelo gestionário. A Lisnave, inaugurada em 1967, na Margueira, em Almada, viria a ter um forte impacto no ambiente devido ao chumbo das tintas usadas na pintura dos cascos, aos detritos da decapagem de superfícies metálicas e fugas involuntárias de crude e fuelóleos dos navios petroleiros. A Siderurgia Nacional, inaugurada em

1961, no Seixal, que, desde logo pela natureza das suas atividades e localização no esteiro do Coina, foi responsável pela degradação não apenas do meio marinho como de toda a área territorial circundante, algo que ainda hoje se mantém, mesmo com a atividade residual da SN – Megasa. Neste aspeto refira-se, por exemplo, os problemas sentidos pela população de Paio Pires devido à péssima qualidade do ar.

Estes polos concentradores de indústrias pesadas, naquilo que se designou como Cintura Industrial de Lisboa, em conjunto com a atividade da CUF, seriam nas décadas vindouras os principais focos de poluição do estuário, complementados pelas escorrências diretas para o rio Tejo dos dejetos produzidos em esgotos não tratados pelos aglomerados populacionais (Lisboa só veria as ETAR de Alcântar, chelas e Beirolas surgirem em finais dos anos 80 do século XX) a que se juntavam os com origem no crescimento desenfreado e desregulado de bairros suburbanos de génese ilegal (tolerados, diga-se, por autoridades que não tinham forma de obviar a necessidade de habitação condigna para o êxodo populacional que se registava por essa altura em direção aos polos industriais), e das cidades dormitório (DSCP, 1977/78, p. 7-9).

No entanto, por volta dos anos 60 do século XX, já o modelo desenvolvimentista extrativista estava a ser posto em causa, nomeadamente, e uma vez que o problema da crise climática ainda não estava identificado, devido ao seu elevado custo em termos de saúde pública (termos como smog e chuvas ácidas começam a ser usados). No entanto, as queixas e os lamentos de quem literalmente vivia a respirar diariamente gases fabris, não tinha acolhimento perante os quadros dirigentes, quer por parte da administração do complexo industrial, das autarquias ou das entidades responsáveis pela saúde pública.

Com o advento do 25 de abril de 1974 o modelo de governação foi colocado em causa; no entanto, o modelo de produção continuou igual ao que era, ou melhor, intensificou-se numa adesão ao conceito revolucionário que caracterizou a época: o Barreiro era uma "vila operária" e tudo se justificava para incrementar o desenvolvimento nacional, desígnio plasmado num dos famosos slogans políticos: "batalha pela produção".

Com a passagem para a esfera de dependência direta do Estado, processo que culminou com o ato de nacionalização da CUF em 1975, daí resultando a novel Quimigal, o tipo de governação tutelar em conjunto com o modelo errático de gestão, com decisões estratégicas, estruturais e correntes a oscilarem em função do poder político instalado, a que se juntaram os choques conjunturais endógenos e exógenos (descolonização e crise do petróleo, respetivamente), tudo consubstanciado colminou no fatídico desmoronamento do complexo industrial.

Em meados dos anos 80 do século XX, as instalações fabris apresentavam uma realidade anacrónica com várias unidades fabris a entrarem em estado de rotura. Várias unidades produtivas tinham ultrapassado o prazo esperado de vida útil e tal era notório olhando simplesmente para os edifícios escaqueirados, enegrecidos. Relembre-se os diversos "Contatos" em que os "fumos" saíam diretamente pelos buracos abertos na estrutura das fachadas aproveitando os ocos das molduras que outrora tinham sido janelas (do qual o "Contato 5" era de longe o pior em termos de condições de insalubridade para quem lá trabalhava e do nível de emissões poluentes que produzia) e a unidade de tratamento de cinzas de pirite, terminando nas montanhas da mesma que se amontoavam no território do complexo industrial (e responsável pela ulterior contaminação de solos que persiste), assim como a unidade de fabrico de amoníaco e de ácidos, entre outras.

Foi o tempo do rio Tejo das três linhas de cores: mais junto à muralha da Av.ª da Praia, o rio tinha a cor da pirite diluída em água carmesim; mais ao largo, a cor era verde-escura, resultante da mistura dos químicos e, mais longe e bem demarcada das restantes, a cor predominante era o amarelo, da cor das rações. Por cima da mistela imperava uma fina camada de "nafta", despejada no rio devido à limpeza dos tanques dos navios que aportavam à doca da CUF. Os pescadores desportivos, na muralha, adotavam a técnica de colocar pedaços de desperdício de pano na ponta das canas de pesca no intuito, parcialmente obtido, de evitarem que a linha chegasse ao carreto cheia de óleo. Não era de admirar que as espécies piscícolas mais sensíveis ao grau de poluição das águas, entre elas algumas de maior valor comercial, como a corvina, tenham, por essa altura, deixado de aparecer, com grande prejuízo para a pesca comercial. Nas útltimas duas décadas do século XX, as espécies desembarcadas no Barreiro eram, essencialmente, as quatro espécies de tainhas e as salemas, que eram abundantes, os sargos, as fanecas, as choupas, as safias, os safios, os linguados, as douradas, os charrocos, as solhas, os robalos (legítimo e baila), e as enguias, sendo que estas últimas estavam em decréscimo acentuado - atingiriam o ponto mais baixo de desembarques no ano de 2004, com 64,80 Kg (Santos, 2022b, p. 556).

Quando, por fim, a laboração do complexo industrial do Barreiro entra em espiral recessiva e faseadamente acaba por terminar, fruto de um misto de decisões de investimento erradas ou erróneas, por exemplo, o descalabro técnico-financeiro que constituiu o investimento na unidade produtiva denominada "Kowaseiko", e de erros de gestão corrente, o que restou de cem anos de atividade indústrial foi um passivo ambiental de uma enormidade que ultrapassa toda e qualquer riqueza que essa estrutura tenha produzido durante esse lapso temporal e que se arrastará sob os ombros das gerações posteriores, algo que não sucedeu no território "homólogo" de Estarreja, o que nos dá acrescida necessidade de reflexão.

FIGURA 28 | Barreiro nos anos 70. Imagem reveladora do impacto negativo (numa base diária), da poluição atmosférica com origem no Complexo Industrial CUF - Quimigal. Autor desconhecido.

Do ponto de vista gestão do espaço geográfico, a atividade industrial transformou o território barreirense num "brownfield site", designação anglo-saxónica para um território industrial decadente ou descontinuado, com forte presença de substâncias perigosas, poluentes ou contaminantes. Um território degradado sem serventia que não a de uso industrial, por força da concentração de poluentes no solo devido a terem sido durante décadas utilizados para esse fim, o que contribuiu para que atualmente se encontrem com variados graus de contaminação que impedem empreendimentos de edificação residencial. Despoluir esses terrenos seria um sorvedouro de recursos. Por fim, transformou o território num caco urbanístico eivado de cicatrizes resultantes do processo de rápida descontinuação.

Do ponto de vista estuarino, resultou num ambiente sedimentar com elevada concentração de substâncias poluentes de alto nível de perigosidade, de que se destaca o chumbo e o mercúrio, entre outros pertencentes às classes de contaminação 4 e 5, referindo-se ao nível de perigosidade de metais em suspensão. Aliás, este foi um dos fatores negativos que mais pesou na decisão da Agência Portuguesa do Ambiente de reprovar o projeto da Plataforma Logística, vulgo Terminal de Contentores, previsto para o território da Baía do Tejo, contrariando o que outros estudos propugnavam (sobre este tema ver: Moreira, 2014).

O fim da atividade poluente de fábricas que laboravam assentes no modelo desenvolvimentista cuja génese remontava ao século XIX, ultrapassado e nocivo em todos os seus aspetos: social, económico e ambiental, foi uma benesse para o rio, para os ecossistemas, para a saúde das populações, e para a pesca desportiva e comercial, muito embora subsista uma contracorrente de adeptos lamentosos que têm no seu substrato tanto de saudosista como de ignorante. Em última análise, perdeu-se em capital industrial o que se ganhou em capital natural.

Com o forte investimento na limpeza do rio Tejo e de alguns dos seus afluentes, como o rio Trancão, por ocasião da Expo'98, e construção de mais estações de tratamento de águas residuais, o novo milénio trouxe um novo paradigma no que respeita o conceito de sustentabilidade. Isto não teria sido possível sem a contribuição europeia, quer através de implementação de diretivas comunitárias que tornaram obrigatórios procedimentos mais sustentáveis, quer através de fundos que trouxeram fontes de investimento suplementares.

A resposta foi particularmente incisiva no que respeita ao tratamento de águas residuais domésticas com depuração em estações de tratamento de águas residuais (ETAR) previamente a serem lançadas em meio aquático. A qualidade das águas ribeirinhas melhorou, de forma indesmentível, consideravelmente, se bem que, como veremos mais abaixo, não se aplique a todo o território nem em capacidade de depuração de alguns "novos" poluentes.

Precisamente quando todo o estuário do rio Tejo começou a libertar-se da trágica sina de ser um enorme esgoto a céu aberto, mormente toda a zona ribeirinha do Barreiro no que à poluição química e residencial respeita, um novo inimigo sob a forma do lixo plástico começa a agigantar-se, tornando-se um gravíssimo problema para a pesca desportiva e comercial, e, subsidiariamente, para a sustentabilidade dos ecossistemas e saúde humana.

O crescimento exponencial da produção de plástico a partir dos anos 50 do século XX, tem originado a sua disseminação e persistência descontrolada no meio marinho. A disseminação deve-se sobretudo à utilização imprópria e à persistência das suas caraterísticas industriais: durabilidade, composição hidrofóbica e plasticidade. Nenhum ambiente está livre da sua presença, desde os terrenos agrícolas (plástico provindo da degradação de estufas e aterros sanitários), às mais altas montanhas (incluindo o ar que aí se respira), às nossas próprias casas (da libertação de microfibras da roupa sintética), até aos mares do único continente desabitado: a Antártida. Os recursos haliêuticos não são uma exceção. De resto, a produção e descarte massivos do plástico no meio ambiente já deu início a um novo ecossistema: "a platisfera" (Sridharan *et al.*, 2021).

O lixo plástico descartado nos rios, mares e oceanos, voluntária ou involuntariamente, afunda no lodo sedimentar (70%), permanece na coluna de água (15%) ou acaba nas praias (15%). Os plásticos após sofrerem o processo de degradação físico-química originado pela foto-oxidação e/ou por ação microbial e por exposição à hidrodinâmica, ventos e sedimentos (e fragmentação devido à batida constante em rochas e seixos, nas praias e areais), de formato macro (grandes itens), ou meso (tamanho superior a 5 mm), transforma-se em micro (<5 - 1 mm) [33] e nanoplásticos (1 nm – 1 ɥm)[34].

Nos formatos micro e nano os plásticos tornam-se passiveis de serem ingeridos, direta e/ou indiretamente, por todos os organismos de qualquer

---

[33] Neste caso chamam-se microplásticos secundários. Também podem ser de origem micro, como as microesferas presentes nos dentífricos e produtos de limpeza, ou ainda, microfibras resultantes da lavagem de roupa.

[34] 1 nm (nanómetro = 0,001 ɥm). 1 ɥm (micrómetro = 0,001 mm). Neste caso chamam-se microplásticos primários.

nível da cadeia alimentar e transferem-se, nos animais e nos humanos, via linfa gastrointestinal e sistema circulatório. O impacto nocivo dos plásticos, independentemente do seu formato, e as preocupações que representam, não decorrem apenas da sua toxicidade, mas também porque contêm substâncias químicas que podem ser absorvidas pelos organismos marinhos, afetando o seu metabolismo, o seu crescimento e os sistemas digestivos; no interior dos tecidos, os plásticos são considerados como corpos estranhos pelo organismo hospedeiro e isso despoleta imunorreações locais. Transferindo-se para os recursos marinhos, desses transferem-se para os humanos, sendo no final, nós humanos, os responsáveis e os penalizados pelo dano ecológico.

Os plásticos também fornecem um habitat para uma grande variedade de bactérias, incluindo micróbios marinhos (organismos epiplásticos) que se alimentam de lixo plástico; podem ainda albergar microrganismos patogénicos que colonizam a sua superfície (formação de biofilmes), e servirem de veículos de disseminação de espécies invasoras. Por exemplo, entre os diferentes tipos de bactérias encontradas nos biofilmes associados aos microplásticos estão espécies potencialmente patogénicas, as *Vibrio spp.*[35], passíveis de serem ingeridas/inaladas e/ou exposição dérmica, por pessoas e animais.

Por outro lado, os plásticos concentram poluentes orgânicos persistentes hidrofóbicos, pesticidas, hidrocarbonetos policíclicos aromáticos, entre outros contaminantes persistentes adsorvidos pela sua superfície, os quais podem se concentrar em várias ordens de magnitude na superfície dos plásticos; as micropartículas de polietileno podem ser absorvidas pela linfa gastrointestinal e pelo sistema circulatório das pessoas expostas e foram recentemente detetados em placentas de grávidas e no leite materno (Ragusa *et al.*, 2021; 2022).

No que concerne às zonas intermareais da margem sul do estuário do Tejo, que inclui a área ribeirinha do Barreiro, os estudos mais recentes realizados *in situ* mostraram a presença ubíqua de plásticos e um nível preocupante de contaminação de aves e moluscos.

Gonçalves (2016), procedeu à análise de 18 amostras de sedimentos até

---

[35] As *Vibrio spp.* são bactérias Gram-negativas pertencentes à família *Vibrionaceae*, cujas células têm a forma de bastonetes (bacilos), frequentemente curvados, e são móveis por flagelos.

2,5 cm de profundidade, amostras de bivalves, moelas e tubos digestivos de aves limícolas que se alimentam de bivalves (acidentalmente mortas em sessões de anilhagem), no estuário do rio Tejo. Nas aves mortas foram encontradas microfibras em 100% das moelas analisadas e em 83,3% dos intestinos analisados, com uma concentração média de 0,27/cm^{-2}. Foram ainda detetados microplásticos em 97,2% das amostras sedimentares, sobretudo microfibras derivadas da lavagem de roupa. Os esteiros da Moita (Lavradio) e do Coina são das zonas amostrais que apresentam maior concentração por mL de sedimento.

Quanto aos invertebrados *S. plana* (a comum lambujinha, particularmente abundante nos sedimentos vasosos, mais ricos em nutrientes)[36], foram detetadas contaminações em 96,7% dos indivíduos amostrados (média: 3,8 itens/indivíduo). O esteiro do Coina é uma das zonas amostrais que apresenta maior concentração de MPs por grama fresca de bivalve (1,75gr/bivalve-mediana).

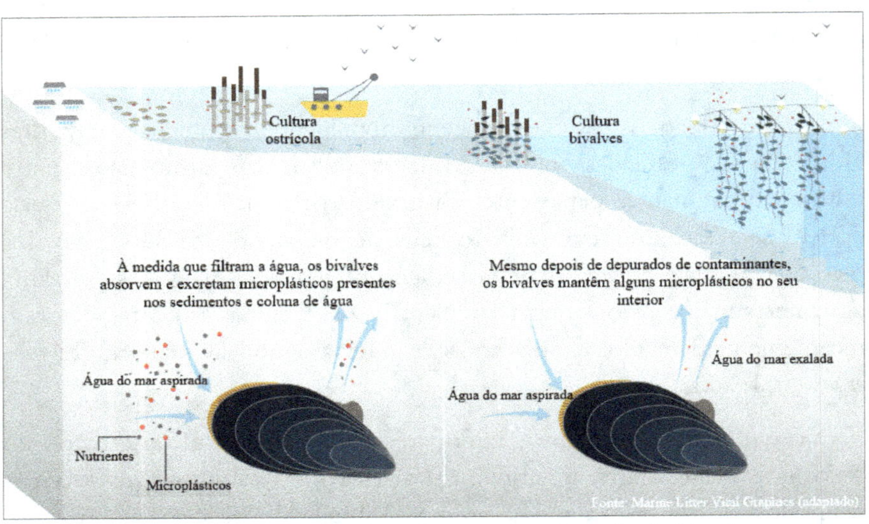

FIGURA 29 | Via de ingestão de MPs pelos humanos. Os animais filtradores, como os moluscos, são os principais recipientes de micro e nanoplásticos.
Adaptado de UNEP-GRID: Marine Litter Vital Graphics.

---

[36] *S. plana* é usada como um bom bioindicador da poluição por metais pesados, nomeadamente mercúrio.

Estes resultados permitem-nos concluir que as demais espécies de bivalves capturadas no Tejo apresentarão níveis comparáveis de contaminação.

A maior concentração de **microplásticos** regista-se em estuários e zonas costeiras, confirmando que estes sistemas podem ser locais de acumulação (*hotspots*). Nos esteiros, meandros, sapais e zonas sedimentares constituídas sobretudo por lodos e areais, como por exemplo se verifica nas margens do esteiro do Coina, ao lixo transportado via emissores de águas residuais e pluviais, acresce o da atividade piscatória (no rio e em terra, legal ou clandestina), motivo pelo qual os pescadores, profissionais lúdicos, se devem a si próprios penitenciar, e a atividade marisqueira.

De facto, uma parte substancial dos **macro** e **mesoplásticos** encontrados nos areais confinantes é constituída por cabos e redes de pesca e por embalagens de isco em poliestireno expandido (esferovite), alijados[37] voluntariamente, e por artigos descartados como eletrodomésticos, tecidos, metais, madeiras, ferramentas, calçado (botas de borracha, chinelos e ténis), embalagens em esferovite, etc.

FIGURA 30 | Imagens de recolha voluntária de lixo plástico nas zonas do Mexilhoeiro e Alburrica, no verão de 2019: **(A)** Lixo plástico confinado em zona de sapal; **(B)** Itens macroplásticos; **(C)** Imagem parcial do sapal de Mexilhoeiro coberto de lixo orgânico e plástico; **(D)** Lixo descartado por mariscadores; **(E)** Peça de mobiliário descartado; **(F)** 15 minutos de recolha = saco de 100 litros cheio. Autoria própria.

---

[37] Alijamento é um termo náutico que se refere à eliminação de detritos no mar para aligeirar o peso do navio. De um modo mais lato engloba o descarte de todo o tipo de objetos no meio marinho.

Adicionalmente, a técnica ilícita de captura de bivalves com recurso a ganchorra de saco ou de caixa metálica, apeada a reboque de embarcação, revolve o sedimento fazendo com que os microplásticos entrem em suspensão na coluna de água. Saliente-se que os bivalves capturados no estuário do rio Tejo, entram no circuito comercial sem passar por qualquer tipo de ação depuradora. Mesmo que fossem depurados, essa ação apenas eliminaria as substâncias tóxicas, mas não a totalidade dos microplásticos.

5. FATORES CRÍTICOS DE SUCESSO PARA A PESCA COMERCIAL BARREIRENSE NO ESTUÁRIO DO RIO TEJO.

A pesca comercial realizada pelos marítimos barreirenses enfrenta vários desafios que, na maioria das situações, são transversais aos demais marítimos do Tejo e apenas podem ser resolvidos adotando uma estratégia integrada para toda a zona estuarina e áreas adjacentes.

Dos vários desafios observados, destacam-se três: o **primeiro**, ao nível da valorização do capital humano, porque sem pessoas não há pesca, e do acompanhamento da expetativa dos marítimos em relação às carências, fragilidades, infuncionalidades e demais particularidades do quotidiano piscatório que carecem de melhoria, questões verdadeiramente importantes e que afetam os marítimos, mas que são depreciadas pela pluralidade das entidades ligadas às pescas, constituindo-se um obstáculo à melhoria das condições de trabalho dos marítimos e ao desenvolvimento da atividade piscatória, e propostas de melhoria; o **segundo**, ao nível da política da pesca, centrado na transformação que é necessário realizar na frota e na energia de propulsão, no ajustamento dos sistemas de pesca, na implementação da gestão integrada da pesca no Tejo, interligada com dois sistemas de cogestão especializados para as pescarias do polvo-comum e da corvina-legítima, e na criação de um plano de gestão da captura da amêijoa-japonesa, de forma a responder às espectativas dos marítimos e da sociedade, que querem uma exploração sustentável dos recursos biológicos marinhos que permita a viabilidade do setor a longo prazo; e o **terceiro**, ao nível da poluição ambiental, com foco no impacto negativo das substâncias poluentes de origem antropogénica e das consequências ambientais do aquecimento global, o que está indexado quer à valorização do capital humano, e às expectativas dos marítimos, quer à necessária ação reformista da política da pesca.

No conjunto piscatório do Tejo observa-se um quarto desafio, ao nível da coesão social, fundamental para travar o avanço do individualismo egoísta que grassa entre os marítimos. Todavia, não se irá enfatizar essa questão porque, felizmente, no Barreiro a alma do associatismo está viva em torno da associação de pesca local "Os Camarros".

5.1. AO NÍVEL DOS PROBLEMAS QUOTIDIANOS DOS MARÍTIMOS BARREIRENSES, E PROPOSTAS DE MELHORIA.

Tendo por base o conhecimento produzido pelo Projeto PRESPO - "Desarollo sostenible de las pesquerias artesanales del Arco Atlântico", acerca dos problemas sentidos pelos pescadores na pesca local da costa continental portuguesa, indagámos os marítimos barreirenses sobre esses e outros problemas específicos das pesca realizada no estuário do rio Tejo, e pedimos que graduassem cada um deles na escala de 1 a 5, considerando que 1 não condicionava nada e 5 condicionava tudo na sua atividade, tendo-se obtido os resultados apresentados no gráfico seguinte.

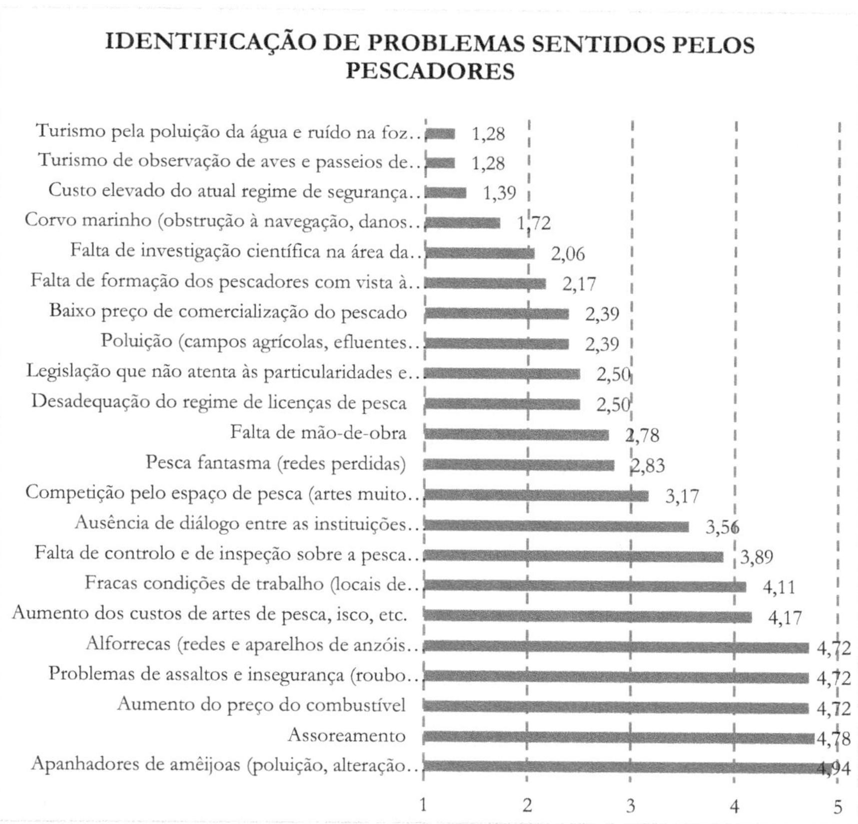

GRÁFICO 6| Identificação dos problemas sentidos pelos pesacdores registados no Barreiro, desagregados por graduação de intensidade.

Entre os problemas quotidianos mais relevantes, os classificados entre 3 e 5, estão os apanhadores de amêijoa-japonesa (poluição, alteração dos fundos e da morfologia do rio, redução do alimento do peixe, insegurança e furtos), o assoreamento, o aumento do preço do combustível, os problemas de assaltos e insegurança (roubo de artes de pesca, combustível e utensílios), as alforrecas (redes e aparelhos de anzóis danificados), o aumento dos custos de artes de pesca e isco, as fracas condições de trabalho (locais de desembarque, armazéns de apoio, lota, etc.), a falta de controlo e de inspeção sobre a pesca lúdica, a ausência de diálogo entre as instituições públicas e os pescadores, e a competição pelo espaço de pesca (artes muito próximas ou até sobrepostas).

Durante o estado novo foi produzida legislação que atribuía à Marinha de Guerra um papel de autoridade e de administração sobre os intervenientes na atividade das pescas beneficiando para o sucesso do seu desempenho da localização das Capitanias e suas Delegações Maritimas na proximidade das comunidades marítimas e piscatórias onde o Cabo-de-Mar era presença diária no quotidiano nos locais de acesso ao mar onde se baseavam as atividades piscatórias e suas comunidades que dissuadia e também contribuía para o policiamento das atividades marítimas e suas gentes. Hoje em dia a fiscalização, o policiamento e o cumprimento da lei parece desempenhar-se em modo desatendido, isto é, apenas quando alguém aciona o alarme através de uma denúncia ou de um pedido de socorro conforme a interpretação de quem está de serviço a atender o telefone.

Com a transferência de algumas daquelas competências e a extinção de outras como a da presença do Cabo-de-Mar, o acesso ao mar e seus recursos ficou caótico aos olhos das gentes mais antigas nestas atividades da pesca e do mar. Particularmente o estuário do rio Tejo ficou acessível (escancarado) à atividade de grupos de gente com origem duvidosa e sem habilitações marítimas ou familiaridade com o mar, motivados somente pelos valores imediatos facilmente acessíveis na apanha ou no "garimpo" da amêijoa japónica e também motivados pelos valores dos bens do alheio. Fruto da mineração daquela amêijoa e da garantia de elevados rendimentos com a sua apanha os recém-chegados de maior ambição equiparam-se de embarcações com registo de recreio e com generosas potências de propulsão intensificaram as capturas recorrendo ao arrasto com ganchorras. Assim equipados charruam os fundos, indiferentes ao dia ou à noite, destruindo os aparelhos de redes dos outros pescadores, mesmo estando assinalados, com elevados prejuízos consequentes e conflitos.

A bem do cumprimento da missão da Polícia Marítima encontramos testemunhos do seu desempenho quando já abordaram os nossos pescadores na pesca para os inspecionar e autuar.

A atividade dos apanhadores de amêijoa-japonesa é daninha, destrói o equilíbrio biológico do rio e as artes de pesca. A ganchorra que por aqui se vê utilizar consiste numa caixa em metal, com 70 cm de largura por um metro de profundidade, que permite praticar o arrasto em todo o estuário. É o chamado "arrasto de caixa", uma evolução ao primitivo "arrasto de ganchorra", mais frágil, que não resistia aos ostrais.

Os arrais sentem-se frustrados por esta atividade, que é ilegal, ser pouco fiscalizada e sancionada, ao contrário do que dizem acontecer com a pesca profissional, que dizem ser altamente fiscalizada e facilmente sancionada. Referem que andam regularmente entre dez e doze embarcações a arrastar em frente ao Terreiro do Paço, mesmo em frente da Polícia Marítima, e que não são autuadas. Por todo o estuário dizem ser dezenas as embarcações na apanha ilegal de bivalves, com foco em duas espécies: pé de burro, capturado da Casa Branca até Paço de Arcos, que em grande medida é vendido para França; e a amêijoa-japonesa, da Casa Branca para montante, nos fundos e na zona de vasa em todo o estuário, que em grande parte é vendida para Espanha.

O choco e o linguado são, na opinião dos marítimos, as duas espécies mais afetadas com o arrasto de ganchorra. Alegam que antes havia muito caranguejo, de que se alimentava o choco, que tem vindo a desaparecer, fazendo com que o choco entre em menor quantidade nos esteiros, onde desde sempre se habituaram a capturá-lo. Dizem que, pelo mesmo motivo, também se reduziu a quantidade de linguado no Mar da Palha.

O assoreamento condiciona a dinâmica da atividade, e é consequência da não realização de dragagens, agravado por as portas das caldeiras dos antigos moinhos não estarem a funcionar, porque se estivessem iam naturalmente desassoreando os acessos à comunidade do Bico do Mexilhoeiro, Serração e antiga Doca Seca da CP, ou pelo menos atrasava o seu assoreamento.

O principal problema do assoreamento é, naturalmente, o condicionamento no acesso às zonas de abrigo, porque isso tem influência no tipo e na duração de cada pescaria e obriga a um planeamento complexo da largada e recolha de artes na conciliação com as marés e as condicionantes do acesso ao abrigo. Os arrais do Bico do Mexilhoeiro já se habituaram a perder horas de sono para anteciparem a saída para o rio, devido aos problemas do assoreamento; e já perderam vários dias de pesca devido aos seus condicionantes. Para se ter uma ideia dos condicionantes, na Praia da Torralta só se consegue sair com uma hora de água, na Serração só com 2,5 horas de água na enchente e na vazante e no Bico do Mexilhoeiro só conseguem sair com três horas de vazante ou enchente.

Convém referir que as ações de dragagem de manutenção são responsabilidade do Porto de Lisboa dado estarmos perante uma área de Domínio Público Marítimo, sob administração desta entidade, mas não são realizadas visando as necessidades das embarcações de pesca. Se os pescadores dependerem dessas dragagens para trabalhar, ficam parados. Como positivo, referir que em finais de 2019 foram realizadas dragagens no acesso ao cais da antiga Doca Seca, uma iniciativa da edilidade no âmbito do projeto de requalificação da Doca Seca, com fundos do programa MAR2020, ficando esta a ser a única comunidade piscatória do Barreiro sem condicionantes no acesso à zona de abrigo.

Sobre o preço do combustível, entendem os marítimos que a concessão do subsídio de gasolina deveria seguir o expediente utilizado para a concessão do subsídio do gasóleo, ou seja, o desconto deveria ser feito diretamente aquando do abastecimento nas bombas. O motivo é o mesmo do que se observa nas demais comunidades piscatórias: a maior parte das embarcações têm motores fora de bordo a gasolina e nem em todas as marés se captura pescado que justifique o custo da deslocação à lota, pelo que juntam o pescado de duas marés, e quando procedem à entrega em lota apenas conta como uma maré, no dia da entrega, para efeitos de atribuição do subsídio da gasolina. Quando pescam ao final de semana, e apenas entregam o pescado à segunda-feira, também ficam lesados numa maré para efeitos de subsídios. Esta é, de facto, uma discriminação em relação aos armadores que operam ao seu lado, no Tejo, e têm motores a diesel, porque como o desconto é feito diretamente nas bombas, o número de vezes que vão à lota deixa de ser relevante.

As condições de trabalho eram péssimas até 2019, o que estava na origem de muitas reclamações, daí a questão estar plasmada no gráfico anterior. Com a reabilitação das velhas instalações da antiga Doca Seca da CP e o desassoreamento do canal de navegação que a serve, bem como a criação de novas infraestruturas, nomeadamente um guincho e instalação de frio para conservação do pescado, uma rampa e um cais modular flutuante com capacidade de acostagem para vinte embarcações, de forma a concentrar neste local, com condições adequadas, toda a frota de pesca local do Barreiro, e ainda, com os arranjos exteriores e a instalação de um posto de transferência de pescado, as condições passaram a ser razoáveis. A consequência será notada a breve prazo, com a concentração de toda a frota profissional na antiga Doca Seca e a extinção das demais comunidades piscatórias barreirenses, o que reduzirá a diversidade e anulará os últimos caracteres ancestrais.

Para conter o que dizem ser a falta de controlo e de inspeção sobre a pesca lúdica, os marítimos defendem que esta atividade apenas deveria ser permitida fundeada, e nunca à deriva, a corricar. Alegam que quando os pescadores lúdicos lançam o anzol e esse, por azar, cai numa rede de pesca profissional e fica preso, eles não se dão ao trabalho de retirar o anzol, preferem cortar as redes, por ser mais fácil. Ao que parece, a atitude dos pescadores lúdicos é a mesma quando os seus anzóis ficam presos nos aparelhos dos pescadores profissionais, situações que os arrais dizem ser promotoras do fenómeno da pesca fantasma[38], que lesa profundamente o meio ambiente e acarreta custos financeiros para os marítimos, que têm de comprar novas artes. Salientar que alguns arrais confirmaram que às vezes ficam restos de redes e de linhas enroladas nas hélices dos motores, o que pode provocar danos. Não obstante registada a queixa dos arrais, não podemos deixar de estranhar que o fio que os lúdicos utilizam, geralmente de 0.22 a 0.30, possa ser capaz de levantar uma rede profissional do fundo, para a cortarem. Já com o aparelho de meia água, para as corvinas, faz sentido que isso possa acontecer. Também não faz sentido que isso possa acontecer em aparelhos de fundo, para o safio/congro, porque isso implicaria alar as pesadas pedras e/ou ferros.

Quanto à ausência de diálogo entre as instituições públicas e os pescadores, reclamam primeiramente do sistema de atribuição de licenças de pesca, que dizem ser desajustado às necessidades atuais, porque o pedido de

---

[38] Pesca fantasma refere-se a artes de pesca alijadas voluntária ou involuntariamente e que ficam perpetuamente "a pescar" constituindo uma armadilha mortal para diversos espécimes, que não apenas os de valor comercial, e que ficam presos na armadilha.

artes é feito até ao final de agosto sem saberem como vão ser as marés, ou se vai fazer calor ou frio, o que tem implicações no número de alforrecas: ou escolhem as redes de emalhar de um pano, ou o tresmalho, porque não podem trabalhar com as duas artes. Quando escolhem tresmalhos, e as alforrecas não os deixam utilizar, ficam muito condicionados, e podem ter de recorrer a artes não licenciadas para sobreviver.

Também contestam a potência máxima autorizada para os motores, primeiro, por ser baixa para as necessidades em situações de mau tempo, segundo, por ser igual para todas as embarcações independentemente das características técnicas. Como medida de resolução, sugerem a graduação da potência dos motores em função do comprimento fora a fora das embarcações de pesca local, ou seja, quanto mais comprido o casco, maior a potência autorizada do motor. Notar que no atual sistema, tanto um barco pequeno como um barco grande, até aos sete metros de comprimento fora a fora, podem ter um motor de 40 cavalos, máxima potência autorizada pela DGRM para as embarcações que apenas dispõem de licença de artes de pesca para as águas interiores não marítimas do rio Tejo.

Sobre a competição pelo espaço de pesca, um problema cada vez mais incidente pela maior concorrência, alguns marítimos mais jovens sugerem que não seja permitido ter as redes da corvina caladas mais de 24 horas, como determina a lei, para acabar com os "quintais" no Tejo, parcelas que alguns entendem que são suas porque sempre aí pescaram, e, eventualmente, antes de eles pescaram aí os seus familiares, ou coisa que o valha. Esta questão está diretamente relacionada com o que, alguns, dizem ser a falta de respeito entre marítimos.

A competição pelo espaço também está, de certa forma, relacionada com a pesca do cerco às corvinas quando entram no estuário, porque para além do dano ecológico, esta prática ilegal e altamente danosa também prejudica as finanças dos pescadores mais cumpridores, porque quando isso acontece o preço da corvina baixa abruptamente, e provoca um profundo estado de tensão, irritação e agressividade entre marítimos.

O cerco às corvinas é grave do ponto de vista do equilíbrio biológico, porque após cercarem as corvinas com panos de redes de vários metros de altura, para não fugirem por baixo da rede, deitam na água bombas para desorientar os animais, para que emalhem, ou fazem a "pesca do bater", como chamam ao processo de bater em elementos das embarcações com paus, ou fazer muito barulho com os motores das embarcações, também para desorientar o peixe, levando-o a emalhar. Este processo de pesca com utilização de grande ruído, que no passado era muito utilizado, atualmente está proibido, embora a sua prática reiterada o desminta.

Sobre a agressividade entre marítimos, não podemos ignorar aquilo que se fala em surdina, que por represálias na disputa da pesca à corvina no estuário do rio Tejo, a embarcação "Ninôr", registo n.º B-806-L, foi incendiada em 1 de abril de 2019, tendo ficado completamente destruída, incluindo o motor (apenas a proa resistiu ao incêndio, e com danos). O acidente deu-se a montante do cais fluvial da Soflusa, em frente à Praia da Torralta, onde fundeiam algumas embarcações de pesca profissional e muitas embarcações de pesca lúdica, que aproveitam o aglomerado abarracado para esconderem as artes ilegais (nomeadamente ganchorras do arrasto à amêijoa-japónica). Esta situação que aconteceu no Barreiro, poderia ter acontecido em qualquer outra comunidade piscatória, e remete para a necessidade de existir um maior controlo sobre a pesca ilegal à corvina, situação que começa a merecer preocupação pela constante tensão e pelo aumentar da provocação e das ameaças gratuitas entre pescadores e não pescadores profissionais.

No contexto de evidente preocupação para aquilo que parece ser a "tragédia dos comuns", por relação à teoria de Garrett Hardin, alguns arrais dizem concordar com a implementação de períodos de defeso de espécies, a nível nacional, de forma que quando uma determinada espécie esteja em período de desova não possa ser capturada.

Por fim, acerca de possíveis estratégias de dinamização da atividade e para melhorar o que pode ser melhorado, foi solicitada a opinião dos marítimos sobre quatro possibilidades, a primeira acerca da criação do "Cabaz do Tejo", uma proposta de um projeto para eliminar os intermediários entre os pescadores e os consumidores, valorizar espécies de menor valor comercial, contribuir para a valorização da cultura pesqueira do estuário do rio tejo, fomentar relações de proximidade entre quem pesca e quem consome, estabelecer um preço justo para quem vende e um preço justo para quem compra, e contribuir para a sustentabilidade ambiental, socioeconómica e ecológica dos recursos da pesca local. Apenas 33,33% dos marítimos indicaram que sim, tendo 66,67% respondido que não.

Apenas responderam de forma positiva marítimos das comunidades da antiga Doca Seca, da Praia da Torralta e da Serração, 11,11% em cada uma, no tal de 33,33%, e fizeram-no porque não dispõem de viatura particular para levar o pescado à lota. Consideram, por isso, que uma cooperativa de proximidade, ou caso não seja de proximidade, mas possua meios para recolha e transporte do pescado nas várias comunidades, ajudaria a resolver a "dor de cabeça diária" que é ter de levar o pescado à lota. Um marítimo referiu que, não obstante ter viatura própria, era uma excelente oportunidade, desde que a cooperativa valorizasse o produto, certificando o pescado, porque, não sendo assim, nunca atingiria a valorização que existe na lota.

Os marítimos que responderam de forma negativa, fizeram-no por vários motivos, sendo de realçar a questão do preço do pescado. Ao contrário dos demais, estes entendem que é na lota que o peixe é vendido ao melhor preço, para exportação e para o turista consumidor, com a vantagem de terem garantida a sua remuneração, o que para eles é muito importante. Como respondeu um deles, "o peixe que apanhamos é de qualidade e cotado no mercado, e tem um grande valor, e só na lota é que pode ser vendido por um valor justo". Para este grupo de marítimos, no mercado local e regional o peixe é vendido mais barato, dizem que os particulares querem o peixe gratuito e por isso entendem que o sistema de cooperativa apenas se tornava lucrativo caso conseguissem exportar o peixe, se funcionasse como a lota, e isso obrigava a uma competência e responsabilidade que entendem que não têm, e nem querem ter.

Para além de considerarem que não são bons gestores, também assumem que são desunidos e desconfiados; não gostam que os outros vejam o que apanharam, e, também por isso, preferem levar o peixe à lota, o que inviabiliza qualquer iniciativa dessa natureza, que, naturalmente, teria de assentar na colaboração e partilha. Como referiu um deles, "desconfio do sucesso de uma organização de pescadores, e as cooperativas são de gestão duvidosa. Nunca vi nenhuma cooperativa dar certo, vão todas à falência. Haveria muita confusão. Os pescadores são mestres da trafulhice, pelo que não coloco o meu pescado sob a gestão de um pescador". Para estes marítimos o melhor dos dois mundos era existir uma lota de dimensão no Barreiro, que permitisse boas vendas, e ao mesmo tempo acabar com os elevados custos de deslocação à lota.

A segunda estratégia, uma proposta de flexibilização das licenças de pesca, que consistia na atribuição a todas as embarcações de pequena pesca uma licença de "artes menores", semelhante ao modelo espanhol, que lhe permita o uso de diferentes tipos de artes, os maríitmos mostraram-se divididos pela metade, tendo 50% respondido que sim e outros 50% respondido que não.

Nas comunidades de Palhais e da Praia da Torralta a proposta teve 100% de adesão, na Serração teve 50% de adesão, na antiga Doca Seca apenas teve cerca de 15% de adesão, e no Bico do Mexilhoeiro não teve qualquer adesão.

Os marítimos que responderam sim, fizeram-no convictos de que um sistema desta natureza lhes permitia gerir melhor a pesca, a cada momento, ao longo do ano, em função do estado do tempo, das espécies disponíveis e da intensidade de algas (alfaces) e medusas-do-Tejo (alforrecas). Para estes marítimos esta era também uma forma de tornar o sistema mais equitativo, porque agora os que têm mais artes pagam o mesmo dos que têm menos artes, o que é injusto. Com este sistema todos tinham as mesmas oportunidades, e, como dizem, "todos precisamos de comer, todos temos barriga para alimentar".

Os marítimos que responderam não, que foram essencialmente os têm mais artes e/ou têm artes especiais, fizeram-no essencialmente por dois motivos: o primeiro, porque adquiriram as embarcações com muitas licenças e aceitaram pagar um valor mais alto por esse motivo, e agora não querem perder as licenças porque isso implicava perder valor na embarcação; o segundo, porque entendem que essa medida iria aumentar a prática de ilegalidades, porque ninguém iria deixar de utilizar as artes a que estavam acostumados a trabalhar. Como respondeu um deles, "já existe muito desrespeito no sistema atual, pelo que num sistema desses seria o caos. Desde logo, aumentaria o esforço de pesca sobre algumas espécies, como o choco, que já é muito explorado".

A terceira estratégia, apostar na pesca turismo para compensar a baixa rentabilidade da pesca local em alguns períodos do ano, em especial no verão, considerando esta uma atividade de diversificação que, após regulamentada, permitiria embarcar turistas nas embarcações de pesca, também gerou uma grande divisão entre os arrais, tendo 50% respondido não, e os demais 50% respondido sim.

Nas comunidades de Palhais e Bico do Mexilhoeiro a proposta teve 100% de adesão, na Praia da Torralta teve 50% de adesão, na antiga Doca Seca aderiram à ideia cerca de 70% dos marítimos, e, no oposto, na Serração cerca de 90% rejeitaram ideia.

Os marítimos que responderam de forma positiva indicaram que apesar de ser no verão que fazem as pescarias mais rentáveis, referindo-se em concreto à pesca das douradas, dos robalos e das corvinas, em momentos anómalos de carência de peixe podia ser uma atividade complementar, e também podia ser uma boa alternativa para os arrais de maior idade, que geralmente operam sozinhos e já têm maiores limitações físicas e, naturalmente, têm maiores dificuldades a alar redes e aparelhos. Seria igualmente bom para as pessoas que quisessem conhecer o rio Tejo, porque ninguém melhor do que os arrais antigos para mostrarem aos visitantes a fauna e a flora do rio. Cita-se a resposta de um deles: "era um bom complemento, para quando a pesca fica fraca, e para promover o turismo, já que os pescadores são os que melhor conhecem o rio, e sabem dos meios de segurança".

Os marítimos que responderam de forma negativa sustentaram sobretudo dois argumentos: o primeiro, que são pescadores, e não operadores de turismo, e não têm perfil nem paciência para fazer essa atividade; o segundo, que não têm embarcações adequadas para essa atividade, nem dispõem de recursos para investir na sua modernização. Dizem que a pesca é tudo o que sabem fazer, não se imaginam a fazer outra coisa, e não querem trocar a liberdade da pesca para apanharem "seca dos outros". Acreditam que a pesca turismo iria gerar conflitos entre pescadores profissionais, porque iria ser uma concorrente direta da pesca profissional, já que os turistas iam querer ir com pescadores passear no Tejo para fazer pesca lúdica, porque sabiam que os pescadores profissionais os levariam aos bons pesqueiros, e, se assim não acontecesse, também não pagavam para ir passear para o rio, optavam por ir nos barcos próprios de turismo, onde teriam mais conforto.

A quarta e última estratégia, sobre a profissionalização dos trabalhos de terra, de forma que estas pessoas também possam figurar no rol de tripulação e fazer descontos para a Segurança Social, 83,33% respondeu que sim, e 16,67% responderam que não.

Nas comunidades de Palhais, Bico do Mexilhoeiro e Praia da Torralta a proposta teve 100% de adesão, na antiga Doca Seca aderiram à ideia cerca de 75% dos marítimos, e, no oposto, na Serração apenas cerca de 10% rejeitaram ideia.

Os marítimos que responderam de forma negativa fizeram-no por ser um encargo que não conseguiriam suportar, porque a atividade não gera renda para pagar a pessoas para fazerem os trabalhos de terra, obrigando-os a eles próprios, quando não podem ir ao mar, a fazer os trabalhos de terra. No caso de um dos arrais, a esposa ajuda nos trabalhos em terra e às vezes vai ao mar como observadora, também para ajudar, mas não tem cédula de pescadora. Refere ele que se a esposa fosse profissionalizada, passando a figurar ambos no rol de tripulação e nas folhas da segurança social, isso iria aumentar o custo de trabalho do barco, tornando-o não rentável.

Os marítimos que responderam de forma positiva, fizeram-no em consideração pela realidade da pesca costeira, e não focando a pesca realizada no estuário do rio Tejo, sendo que, sobre esta, em específico, também assumiram não ser rentável para pagar a terceiros para fazer o trabalho de terra. Dizem que têm de ser eles a fazer o trabalho de terra nos momentos em que não vão pescar. No conjunto das respostas, distinguem-se as dos arrais que têm ajuda da esposa, nuns casos já com carteira de pescadora, e noutros não, e as dos arrais que têm uma leitura integrada de ambas as situações. Um arrais da Praia da Torralta respondeu: "a minha mulher ajuda nos trabalhos de terra, safa as redes e aparelhos, mas não tem carteira de pescadora, nem faz descontos para a segurança social. Era bom que ela pudesse integrar o rol de tripulação da minha embarcação, e fazer descontos para a segurança social". Outro da antiga Doca Seca da CP disse: "a minha mulher tem carteira de pescadora, já integra o rol de tripulação e figura nas folhas que vão para a segurança social, por isso não temos problema". Um outro rematou: "as pessoas ganhavam o que já ganham agora, só que de forma declarada, o que era bom para elas, porque um dia mais tarde tinham reforma, e também era bom para o país, porque havia um reforço dos meios da Segurança Social".

5.2. AO NÍVEL DA POLÍTICA DA PESCA PARA ASSEGURAR UMA EXPLORAÇÃO SUSTENTÁVEL DOS RECURSOS BIOLÓGICOS MARINHOS QUE PERMITA A VIABILIDADE DO SETOR A LONGO PRAZO.

Uma parte significativa dos problemas abordados anteriormente, que resultam de preocupações legítimas dos marítimos, podiam ser resolvidos ao nível da ação das entidades ligadas às pescas, se houvesse interesse, mas outros dependem mesmo da ação política, nomeadamente no que se refere à frota.

No ano de 1970, eram 184 embarcações de pesca local registadas no Barreiro que realizaram o rol de matrícula de tripulação, e um total de 380 marítimos embarcados, o que em média representa 2,07 marítimos por embarcação. O número de embarcações a operar com rol de tripulação decresceu com algumas oscilações entre 1970 e 1977, depois iniciou uma sequência crescente até 1989, ano em que estavam em operação 140 embarcações, decrescendo a seguir com pequenas oscilações até 2001, ano em que estavam ativas 71 embarcações, e continuou a descrecer até 2018, ano em que apenas estavam registadas e licenciadas 47 embarcações de pesca local na Delegação Marítima do Barreiro, e nem todas tinham licença de pesca para o estuário do rio Tejo.

Em síntese, o ano de 1990 marca o início de um declínio acentuado do número de embarcações até aos dias de hoje, que importa estancar. É essencial evitar que a frota continue a reduzir, ou seja, é essencial que não se tomem medidas políticas que favoreçam o abate de embarcações de pesca local. Atualmente, a frota do Barreiro está estabilizada e é moderna, 85,71% tem até 25 anos, das quais 57,14% tem até 14 anos, e, embora no geral esteja em bom estado de conservação, os 14,25% com mais de 25 anos, das quais 9,52% já com mais de 50 anos, carecem de substituição e os proprietários não têm condições económicas para as substituir.

Por motivos de segurança e de manutenção da capacidade, o próximo programa operacional para as pescas deve consagrar verbas para subsidiar a substituição das embarcações com mais de 25 anos, porque são propriedade de uma franja da população piscatória que é menos inovadora, menos empreendedora e menos ambiciosa, e que por sua livre iniciativa não altera o *statu quo* atual. Ademais, uma parte significativa desta frota tem casco em madeira, pelo que desta forma também se reduzia o consumo de combustível (as embarcações em fibra de vidro são mais leves), e ainda haveria ganhos económicos para os proprietários, desde logo pelo menor tempo de paragem investido em manutenção. Uma embarcação com casco (obras vivas) em madeira exige tempo (cerca de 15 dias) para que o tabuado e cavername sequem antes de receber a tinta que irá renovar a impermeabilização da madeira, enquanto no casco em fibra de vidro, a renovação da proteção do casco (obras Vivas) poderá demorar apenas 48 horas.

O segundo aspeto relevante é o preço do combustível, atualmente um dos principais obstáculos ao desenvolvimento da pesca comercial barreirense no estuário do rio Tejo, primeiro, porque é imprescindível, não há como evitar, e segundo, porque representa uma das maiores parcelas na lista de custos fixos das embarcações, o que é agravado por 77,78% das embarcações terem motor a gasolina fora de borda, e por o único apoio significativo concedido aos proprietários ser a isenção do imposto sobre os produtos petrolíferos e energéticos concedido ao gasóleo colorido, de que beneficiam apenas quatro embarcações na antiga Doca Seca da CP que têm motor interior a gasóleo, e que correspondem a 22,22% do total.

Os proprietários das embarcações registadas na frota de pesca nacional, equipadas com motor propulsor a gasóleo e que possuem licença de pesca válida, dispõem de um cartão magnético, pessoal e intransmissível, que lhes permite abastecer nos postos autorizados, que no Tejo é o Terminal de Líquidos de Banática (Repsol), sem terem de pagar o imposto sobre produtos petrolíferos e energéticos (ISP). Trata-se de um benefício fiscal direto, que não está disponível aos proprietários das embarcações com motor propulsor a gasolina, que apenas podem contar com um subsídio, no âmbito do auxílio de minimis, pago semestralmente, e que nem sequer é equivalente ao que resulta da redução de taxa aplicável ao gasóleo colorido marcado para pesca porque ao ser calculado com base no número de marés não abrange a totalidade da atividade. Deixa de fora, por exemplo, os dias de mar ao final de semana, pescado que é apenas entregue junto com o de segunda-feira, e é registado como o produto de um único dia de faina. Também deixa de fora as ações de prospeção de novos pesqueiros, momentos em que os mestres navegam para largar as artes de forma experimental, sem que daí resulte necessariamente qualquer captura. O que, obviamente, não promove a atividade. Deixa igualmente de fora as situações em que os mestres vão largar artes numa maré, e voltam para as colher numa outra maré, portanto, fazem duas viagens, mas apenas lhes vai ser contada uma, porque apenas entrega uma vez pescado na lota. Mesmo que pescassem duas vezes por dia, uma vez em cada maré, o que não é raro acontecer, e entregassem o pescado duas vezes por dia na lota, o incentivo apenas era atribuído uma vez.

Importa salientar que a ausência de igualdade entre detentores de motores a gasóleo e gasolina gera discriminação, e não contribui para estimular e dinamizar a atividade.

A situação de injustiça, para além de lesar os proprietários das embarcações com motor a gasolina no recebimento de apoios de combustível, também os lesa no recebimento de apoios para a substituição de motores, porque ambos são concedidos em função do número de marés, e isso significa menos apoios e menos dias de mar declarados à Segurança Social. Note-se que, para poderem aceder às pensões de velhice a partir dos 55 anos de idade, têm de ter, pelo menos, 30 anos de serviço, e um período mínimo de 150 dias de mar, seguidos ou interpolados, dentro do mesmo ano civil (Decreto Regulamentar n.º 40/86, de 12 de setembro). Se já é grave, e injusto, os dias de mau tempo não serem contabilizados como dias de mar, uma vez que apenas não vão trabalhar devido às más condições atmosféricas, existirem dias efetivos de trabalho que não são considerados, é o extremo da injustiça, situação que deve ser corrigida.

Além disso, o subsídio da gasolina é recente, tendo-se acumulado um passado de discriminação oficial entre pescadores até à sua recente atribuição. Mesmo nos tempos mais recentes, a situação nem sempre foi melhor. Por exemplo, no ano de 2018 foram vários os proprietários que nem sequer o chegaram a receber, apesar de o terem requerido, por falta de dotação orçamental da DGRM (Portaria n.º 44-B/2019, de 1 de fevereiro).

A falta de homogeneidade na atribuição de apoios ao abastecimento de embarcações de pesca, para além de tratar proprietários iguais de forma diferente, dando mais vantagens a uns do que a outros, o que resulta em discriminação para "o grupo da gasolina", ainda potencia situações de rotura da equidade social na distribuição dos lucros, porque alguns proprietários menos escrupulosos não distribuem pela tripulação o montante recebido referente ao subsídio da gasolina, que lhes é transferido para a conta bancária. Nestas situações, as tripulações não têm instrumentos para fazer valer os seus direitos, e muitas vezes até desconhecem a existência do apoio. Coisa diferente acontece no caso das embarcações movidas por motor a gasóleo, em que o desconto é efetuado diretamente na aquisição do combustível, sendo por isso incorporado nas contas e considerado na distribuição dos dividendos pela tripulação.

Em resumo, o número de marés, como indicador estatístico, nunca corresponde ao número real de dias de mar, ainda que se perceba que é a única forma de controlo para concessão do subsídio, uma vez que estas embarcações não têm diário de bordo. A solução passaria por aplicar às embarcações com motor a gasolina o mesmo incentivo/apoio como aplicado às embarcações com motor a gasóleo; contando para isso com o empenho da Autoridade Nacional das Pescas.

Com vista a poder suprimir os referidos problemas, compete-nos apresentar soluções de futuro, que passam necessariamente pela descarbonização da indústria piscatória. A solução, parece-nos, passa pela reconversão do sistema convencional de produção de energia à custa das máquinas de combustão interna para propulsão electrica alimentada por um banco de baterias (baterias de lítio em alternativa às de chumbo) capazes de alimentar a propulsão e os sistemas auxiliares como o alador, iluminação comunicações, etc.

As embarcações atuais não requerem alteração na sua estrutura; a substituição dos atuais fora de borda pelos congéneres elétricos é por substituição direta; o menor peso do motor elétrico será compensado pelo embarque do banco de baterias como se lastro fixo se tratasse e tomando o lugar do tanque de combustível. As exigências técnicas de adaptação dos locais de amarração existentes à nova fonte de energia conduz a uma maior estandardização de procedimentos, maior equidade e novos hábitos mais amigos do ambiente à custa de se deixar por conta própria os riscos do quotidiano com o manuseamento de hidrocarbonetos combustíveis e lubrificantes na operação e manutenção dos motores de combustão das embarcações.

Naturalmente a questão dos subsídios para diferentes combustíveis tal como a emissão dos gases tenderiam a desaparecer, bem como a fragilidade da indústria aos choques energéticos, nomeadamente à subida do preço dos combustíveis.

Os motores a autorizar seriam, caso assim se entendesse, os previstos no Regulamento de Pesca nas Águas Interiores não Marítimas do Rio Tejo, de 65 cv ou 48 kW, versão elétrica fora de borda ou fixo no interior, conforme o tipo de convés; boca aberta ou fechado (art.º 6.º da Portaria n.º 85/2011, de 25 de fevereiro), sendo a substituição integralmente subsidiada por este ou pelo próximo programa operacional e que incluiria também um banco de baterias de lítio por embarcação.

Quais seriam as vantagens e as desvantagens de utilizar os motores elétricos como o principal sistema de propulsão? Como vantagens há a referir que os motores de propulsão elétrica fora de borda são mais leves estruturalmente, para metade ou mais do peso dos motores de explosão a gasolina ou mais compassado com os motores de explosão tipo Diesel, em compensação da retirada dos tanques de combustível entram a bordo os bancos de baterias cujo peso é constante independentemente da quantidade de energia acumulada e funcionariam como lastro fixo com vista à estabilidade da embarcação. Sendo a emissão de gases inexistente e o nível de ruído quase impercetível será de esperar vantagens para a saúde dos pescadores, para uma comunicação sem interferências do ruído intenso dos motores de explosão e a ver, logo não afugentam o peixe.

A utilização da energia elétrica diminui significativamente custos de manutenção; dispensa as revisões e substituições sistemáticas de óleos lubrificantes, filtros de óleo, filtros de combustível, filtros de ar e anula os riscos de contaminação do mar e dos terrenos no local das amarrações. Dispensa deslocação periódica ao mercado para compra de material consumível (cartuchos de filtragem de óleo, ar e combustível) que acabam na melhor hipótese aumentando o volume de resíduos nas estações de recolha ou na pior hipótese abandonados a contaminar o meio ambiente. Na perspetiva da fiabilidade há ainda vantagem na solução elétrica sobre a explosão uma vez que não produz vibração em trabalho. Por consequência, também diminuem os riscos de fugas de óleo e combustíveis devido à fadiga dos materiais das tubagens e suas ligações submetidas à vibração. A agressividade da energia perdida por vibração também submete a estrutura da embarcação e o utilizador aos inconvenientes desta energia perdida disruptiva e que naturalmente se propagada através dos corpos.

São adequados para utilização brusca, e para além da velocidade de deslocamento têm em particular um binário ou torque forte e adequado à tração exigida na atividade piscatória no estuário do rio Tejo. Os bancos de baterias adotados seriam preferencialmente de lítio, mais leves para poderem ser movimentadas; 1/3 mais leves que as de chumbo (com elétrodos à base de chumbo contidos num banho de eletrólito ácido) e menos poluentes, resultado de melhoria tecnológica para favorecer a sua utilização. Há fabricantes desta nova tecnologia que já equipam motores e baterias com sistemas inteligentes de controlo e de localização por GPS permitindo em caso de furto localizar os equipamentos.

Como desvantagens há a referir os custos das baterias, e o necessário investimento para criar em todos os portos os chamados "pimenteiros", zonas de recarga de baterias, bem como uma rede de assistência ao nível do Tejo, o que seria mais fácil de conseguir no âmbito de um sistema de cogestão. O abrigo da Trafaria, que se prevê sofrer obras, e as infraestruturas em terra da doca Seca da CP no Barreiro, que se encontram em obras, deveriam desde já ser dimensionadas para suportar esse serviço, porque as embarcações não podem ficar em qualquer lugar, têm de ficar em locais apropriados, locais de atração onde podem ser abastecidas. Tal também propicia uma maior proximidade promovendo a melhoria da comunicação entre utilizadores e entidades facilitadoras.

O terceiro aspeto muito relevante são os sistemas de pesca, quer os legais, quer os ilegais. O estuário do rio Tejo é um habitat essencial, desde logo porque é uma área de maternidade com concentração de juvenis, mas não está integrado nem dispõe de um plano de gestão, nem sequer para a pescaria da amêijoa-japonesa, apesar do seu potencial para desequilibrar o ecossistema. Assegurar a gestão sustentável deste ecossistema deve ser uma prioridade, devido à sua vulnerabilidade, à sua reduzida resiliência à sobre-exploração, e à pesca furtiva que é cada vez mais intensa e obriga a um melhor controlo dos sistemas de pesca.

Os sistemas de pesca previstos no regulamento de incidência local estão atualmente muito desfasados face às condicionantes do meio natural, justifica-se a sua revisão, que deve ser realizada de forma a compatibilizar o desenvolvimento da pesca, enquanto atividade económica, com a necessária proteção e a valorização dos recursos naturais, em especial com a salvaguarda e valorização das espécies haliêuticas, das quais depende a pesca comercial. Acreditamos que a pesca, devidamente gerida, permite compatibilizar as questões económicas com o equilíbrio do ecossistema estuarino.

Quanto ao arrasto de vara, previsto no regulamento de pesca, o Plano de Ordenamento da Reserva Natural do Estuário do Tejo (PORNET), aprovado pela Resolução de Concelho de Ministros n.º 177/2008, de 24 de novembro, determinou que as licenças ativas à data 24 de novembro de 2008 não eram renovadas depois de 1 de janeiro de 2016, como forma de proteção do ecossistema estuarino, mas tal não aconteceu, porque essa medida dependia da apresentação de um estudo que fizesse a fundamentação biológica, mensurasse o impacto da ação nos recursos explorados e o impacto socioeconómico nos agregados familiares dos titulares destas licenças, e identificasse as medidas práticas para minorar esse impacto, que nunca foi apresentado.

Em consequência, a arte continua a ser utilizada de forma regular, como se essa iniciativa não tivesse existido, como se essa necessidade de proteção já não existisse, e a estratégia da tutela parece ser, agora, a de congelar o problema no tempo, eventualmente esperar que os detentores das licenças morram, ou que vendam as embarcações (autorização para o uso da arte de arrasto de vara caduca com a alienação a qualquer título da embarcação), para acabar com a arte no estuário do rio Tejo. Para a tutela parece ser a melhor estratégia, e os dados corroboram essa ideia, já que o número de artes concedidas tem vindo a decrescer exatamente por esse motivo. No entanto, tem vindo a ser adotada uma outra estratégia, a da cada vez maior restrição das zonas de operação com esta arte, porque não tendo onde operar com a arte, os marítimos deixam de a utilizar, deixa de ser útil.

Não obstante a estratégia que a tutela experimente para rever o quadro legal desta arte, a verdade é que não precisa de fazer muito para que a arte desapareça naturalmente, quer pelo condicionamento previsto na lei, quer por ter perdido pertinência. O camarão *Crangon crangon*, espécie a que se dirige a arte, e que era abundante no estuário do Tejo, reduziu a níveis biológicos que não justifica dirigir-lhe a pesca com esta arte (apenas com covos e nassas), com a agravante do tipo de embarcação ter que ser alterado. Antes utilizavam-se pequenas traineiras a que chamavam motoras, com casco em madeira e com motor a gasóleo, e atualmente utilizam-se pequenas embarcações com casco em fibra de vidro e com motor a gasolina, retirando viabilidade económica à operação. Não é viável o custo do arrasto com embarcações com motores propulsores a gasolina, nem a atual configuração das embarcações é a mais adequada para o efeito.

A solução para esta arte deve ser negociada com os proprietários das embarcações, que não são muitos, e deverá passar pela atribuição de uma compensação monetária (fixação de um apoio através do próximo programa operacional), ou, em alternativa, pela substituição desta por outra arte legalmente autorizada nesta zona de pesca. Deverá, ainda, ser equacionada a possibilidade de serem autorizadas até três licenças em cada ano civil, atribuídas a embarcações avieiras, de forma a perpetuar a tradição da arte, mas sem efeitos letais para o ecossistema. Desta forma, as licenças a atribuir, anualmente, seriam direcionadas exclusivamente para a captura de espécies exóticas invasoras, em função das condições ecológicas do meio. Em 2018 fazia sentido a autorização da operação com arrasto de vara dirigido ao caranguejo-peludo-chinês (*Eriocheir sinensis*), uma espécie oportunista com hábitos omnívoros, que se reproduz em águas salobras (uma zona especifica de operação na zona do delta do Tejo), onde constitui uma ameaça, e tem valor económico numa pequena franja do mercado gastronómico asiático, sendo cada caranguejo vendido a 0,40€. Esta é uma forma de conciliar a rentabilidade económica e a regulação de espécies.

Quanto aos covos de classe de malhagem igual ou superior a 20 mm, previstos no regulamento de pesca, entendemos que a malha é desajustada para capturar camarão-branco-legítimo (*Palaemon serratus*), espécie a que se dirigem, e que existe em quantidade singela na foz do rio Tejo. Sem descorar o necessário equilíbrio entre a letalidade da arte e a disponibilidade e características da espécie, consideramos que esta arte devia ser autorizada com malhagem igual ou superior a 15 mm, até por uma questão de equidade, uma vez que essa é a malhagem autorizada para as nassas, previstas no mesmo diploma legal, e utilizadas pelas comunidades avieiras para capturar o chamado camarão do rio. É esta dualidade de critérios, injustificada, que gera um fosso enorme entre governantes e governados, e não contribui para que os marítimos tenham interesse em colaborar num projeto comum.

Quanto aos covos de classe de malhagem de 30 a 50 mm, previstos no regulamento de pesca, e dirigidos ao polvo-comum, as características previstas continuam a ser as indicadas para a espécie a que se dirige, mas deveria ser autorizada uma evolução: a introdução de um alcatruz dentro do covo, com abertura direta do exterior, para servir de abrigo ao polvo. Na zona de operação com covos é abundante a presença de moreias e congros, e os polvos para tentarem sair dos covos colocam os tentáculos fora, através da malha, e acabam por ficar sem algumas pernas (ou braços). O polvo perneta, como é denominado o polvo que não tem os oito tentáculos, é vendido em lota, geralmente, com um desconto de 25%, pelo que esta seria uma forma de ir ao encontro da espectativa dos marítimos sem aumentar o esforço de pesca.

Quanto ao arrasto com ganchorra manobrada com sarilho, arte prevista no regulamento, deixou de ser utilizada porque a espécie a que se dirige, a amêijoa-macha (*Venerupis corrugata*), deixou de existir em quantidade que justifique dirigir-lhe a pesca. Como tal, se não é rentável a captura da espécie, não faz sentido a arte continuar a estar autorizada. O fim da exploração desta espécie na zona da foz coincidiu com o intensificar da exploração da amêijoa-japonesa (*Ruditapes philippinarum*) nas zonas mais a montante, e o processo evoluiu, sem enquadramento legal, para o arrasto com ganchorra a reboque de embarcação motorizada, com caixa metálica na base e varas metálicas nas laterais e na cobertura (em vez de saco, porque se estragava com facilidade nos bancos de conchas de ostras submersos), sistema de pesca que produz danos a vários níveis, e a sua utilização está fora de controlo. Devido à herança da pegada ambiental, não é possível autorizar a sua utilização nas zonas estuarinas para onde no passado drenavam os efluentes das indústrias implantadas nas margens ribeirinhas (porque os sedimentos abaixo de um metro de profundidade estão contaminados), e também por uma questão técnica, porque esta arte é operada com motores potentes, geralmente com dois motores de 115 cavalos por embarcação, o que não pode ser autorizado nesta zona de pesca. A solução tem de passar pela concessão de um número maior de licenças para operação com berbigoeiro, o que depende do necessário plano de gestão da amêijoa-japonesa, que tarda a chegar, sendo este mais um exemplo de incapacidade da Autoridade Nacional das Pescas.

Quanto à piteira e à toneira, artes previstas no regulamento de pesca, na forma como estão previstas são adequadas às espécies que se dirigem, e faz sentido que continuem a existir. Falta é intensificar a fiscalização sobre a pesca recreativa, porque utilizam descaradamente esta arte de forma irregular.

Quanto ao "Espinel, espinhel, trole ou palangre", no estuário do rio Tejo apenas se utiliza o palangre (a madre posicionada de forma horizontal à superfície). Esta arte está prevista no regulamento de incidência local na modalidade fundeada, mas tanto é calada junto ao fundo, apoitada, assumindo a designação de "aparelho de fundo", como a meia-água, assumindo a designação de "aparelho de meia água". A definição de "meia água" é, ainda assim, imprecisa, porque uma parte significativa dos marítimos fundeia os aparelhos a um ou dois metros do fundo, de uma forma próxima ao palangre de fundo "palanqueado", outros colocam o aparelho próximo do meio da coluna de água, e o correto seria chamar-lhe "aparelho alvorado", e outros ainda, montam o aparelho próximo à superfície, o que seria mais adequado chamar-lhe "aparelho de subsuperfície". As características que atualmente vigoram mostram-se razoáveis, a arte apenas deveria passar a designar-se "palangre de fundo e de superfície", e deveria ser permitida a qualquer altura da coluna de água.

Quanto à arte denominada "amostra, corrico ou corripo", assim prevista no regulamento de pesca, deve passar a denominar-se "corrico", mantendo as atuais características, que são adequadas à espécie a que a arte se dirige, essencialmente robalos.

Quanto à cana de pesca e linha de mão, prevista no regulamento de pesca, as características mantêm-se adequadas às espécies a que se dirigem, robalos, sargos e corvinas, e faz sentido que continuem a existir.

Quanto aos galrichos e nassas, artes previstas no regulamento de pesca, continuam a existir as espécies a que se dirigem, e faz sentido que continuem a existir com as características que atualmente vigoram, ainda que na prática não sejam cumpridas (são utilizados com comprimentos maiores e malhas menores).

O sabogal e a savara, tresmalhos de deriva, artes previstas no regulamento de pesca, são residualmente utilizadas, porque deixou de ser rentável a captura do sável e da savelha (ou saboga). Atualmente, apenas a savara é utilizada para captura da lampreia-marinha, motivo pelo qual faz sentido que continue a existir, com as mesmas características. O sabogal deveria ser retirado do conjunto das artes permitidas, por não ter utilidade.

A branqueira, tresmalho de fundo, prevista no regulamento de pesca, está desadequada face às condições do ambiente natural. Para equilibrar os condicionamentos impostos pelos resíduos e pelas medusas (ou alforrecas), também para tornar a arte mais prática para trabalhar, para acondicionar a bordo e para armazenar em terra, afigura-se adequado reduzir o comprimento das caçadas. Desta forma, a rede menos comprida não arrasta tanto pelo fundo, não se danifica tanto. Assim, o comprimento máximo da rede deveria reduzir dos atuais 100 m para 50 m, o número máximo de redes por caçada deveria reduzir das atuais 15 para 10, e número de caçadas por embarcação deveria aumentar de uma para três. A malhagem mínima do pano central (miúdo), de 80 mm, bem como a altura máxima da rede, de 2 m, não carecem de alterações. O período de operação deveria ser alargado a todo o ano civil, de janeiro a dezembro, para permitir aos marítimos utilizar a arte sempre que as condições do meio o permitam, que, como sabemos, são cada vez mais variáveis, em termos de clima e temperatura, e não conciliáveis como a estrutura rígida do licenciamento anual das artes de pesca. O que é válido para as demais artes de pesca (redes). No entanto, apenas deverá ser permitido a operação com uma arte de pesca em cada maré.

A rede de emalhar de um pano está prevista no regulamento de pesca com duas classes de malhagem, uma de 60 a 119 mm, e uma outra igual ou superior a 120 mm.

Na classe de malhagem de 60 a 119 mm, a operação depende da menor quantidade de medusas, uma condicionante difícil de obviar devido às alterações cada vez mais frequentes de clima e temperatura. No último trimestre de 2018 a operação com estas redes teve de ser suspensa devido à intensidade da alforreca, ou seja, a alforreca atuou como um defeso natural. Para ajustar o licenciamento à maior dificuldade de operação e dar mais possibilidades de trabalho aos marítimos, afigura-se como adequado autorizar a operação à deriva, com esta malha, entre julho e dezembro, porque nesta modalidade a alforreca acompanha a rede sem se emaranhar, e sem fazer estragos na rede. Simultaneamente, para evitar que esta malha capture exemplares pequenos, nesta que é uma zona de viveiro, a malhagem mínima deveria passar dos atuais 60 mm para 80 mm, ou, até mesmo, criar apenas uma classe de malhagem igual ou superior a 100 mm, para utilização fundeada entre janeiro e junho, e à deriva entre julho e dezembro. Na modalidade de deriva, o número máximo de redes por caçada deveria passar das atuais cinco para dez (até ao máximo de 500 metros), para dar mais oportunidades aos pescadores, mas apenas poderiam operar com duas caçadas por maré (operadas de forma individual, e não justapostas). Desta forma fazia-se uma espécie de compensação direta, aumentar a malha da rede sem avaliação de perdas face à comparação com os desembarques realizados nos anos anteriores (sem compensação financeiras da parte do Estado), em troca de mais redes por caçada, condicionando cada embarcação a duas caçadas por maré, e sem que com isso se provoque uma dilatação significativa do esforço de pesca (ficando dependente de avaliação).

Na operação com a rede de um pano com classe de malhagem igual ou superior e a 120 mm, arte designada de rede corvineira por se dirigir à captura de corvina-legítima, é necessário intensificar a fiscalização. Desde 2010, mas de forma mais intensa desde 2015/2016, alguns furtivos têm juntado meios, entre quatro e seis embarcações, e com recurso a sondas e mais recentemente a sonar, para prospetarem o fundo do estuário para detetarem os cardumes dos reprodutores tendo em vista cercá-los com estas redes de emalhar de um pano adaptadas para cobrirem toda a coluna de água e para os peixes não passarem por baixo da rede (fala-se de redes com 20 e 30 metros de altura). Depois, com recurso a técnicas diversas, umas mais rudimentares do que outras, fazem com que o peixe se desoriente e vá chocar com as redes, emalhando pelo opérculo, e por outras partes do corpo, sem possibilidade de escapar. A técnica mais evoluída, mas que é menos utilizada, consiste na utilização de bombas de base química, utilizando um ácido clorídrico, que ao rebentarem debaixo de água assustam as corvinas que acabam por emalhar. A técnica menos evoluída, mas que é a mais utilizada, consiste em percutir um corpo metálico na água, fazendo um ruído vibrante e emitindo sons agudos e repetidos. São adotados outros sistemas com base na mesma técnica que já é ancestral, e proibida.

O cerco da corvina-legitima tem similitudes com o cerco à tainha-olhalvo (ou mogueira), realizado até finais da década de 1960, uma espécie diádroma, durante a sua migração reprodutora (entre julho e outubro). E é motivado pelos mesmos interesses (antes a tainha-olhalvo tinha valor), mas com duas diferenças determinantes: (i) a tainha-olhalvo migrava em adulta para o mar onde se reproduzia, depois de se alimentar e crescer no estuário (migrador catádromo), e atualmente a corvina-legítima migra em adulta para o estuário onde se reproduz, depois de uma fase de alimentação e crescimento no mar (migrador anádromo); (ii) o cerco das tainhas era realizado apenas com a força braçal e sem apoio de equipamento tecnológico, e não colocava em causa o equilíbrio biológico da espécie, e atualmente faz-se a prospeção do fundo do estuário para identificação dos cardumes dos reprodutores com recurso a equipamento tecnológico, o cerco em si é realizado com o apoio de aladores mecânicos, e põe em causa o equilíbrio biológico da espécie. Esta situação não só coloca em causa o equilíbrio biológico da espécie, como provoca graves conflitos entre marítimos. As hostilidades devido à disputa das zonas de pesca das corvinas conduzem a confrontos físicos e, não poucas vezes, originam cenas de absoluta pancadaria. É urgente colocar um travão a este adensar de estado de sítio no Tejo antes que aconteça uma tragédia com perda de vidas humanas.

Importa notar que não é possível existir uma boa gestão dos recursos sem penalizar as práticas oportunistas e os comportamentos ilegais. O passado ensina, é uma questão de eficácia: enquanto os prevaricadores são eficazes na pesca predatória e extrativista, os mecanismos regulatórios são incoerentes, reativos, desajustados, e, por isso, ineficazes. Sempre foi assim, continua a ser assim, e receamos que, se nada for feito, no futuro continue a ser assim. O passado também ensina que hoje estamos longe de fazer uma gestão equitativa do esforço de pesca no estuário. Definir quotas ou um número máximo de redes por embarcação, em função do número de marítimos matriculados, como acontecia no passado, era mais justo do ponto de vista socioeconómico e contribuía para incentivar o maior número de marítimos registados. Igualmente mais justo seria um sistema de renovação das licenças de pesca dependente da comprovação de uma atividade de pesca mínima mensal, em função do número mínimo de tripulantes a bordo, em cada um dos doze meses que antecedem o processo de renovação das licenças, através de resultados de venda de pescado registado em lota (Docapesca), porque isso condicionava os furtivos da pesca profissional que atualmente se dedicam maioritariamente a atividades ilícitas e comprovam a atividade de pesca mínima anual com base na venda do pescado de alguns lances à corvina (desta forma estavam obrigados a fazer desembarques regulares, em lota, ao longo de todo o ano). Ainda mais justo, na nossa ótica, era juntar o controlo de lota por meses, obrigando a desembarques regulares (mensais), ao controlo da lota por espécies, obrigando o desembarque de espécies que abrangem a totalidade das artes em que estão licenciados, o que minorava a possibilidade de desembarques de umas embarcações em nome de outras, apenas para o cumprimento da atividade mínima para a manutenção da licença de pesca.

Medidas como o estabelecimento de períodos e zonas de defeso determinadas com base em dados de biotelemetria e de acústica passiva, como está a ser preparado com o estudo da reprodução da corvina-legítima, projeto que foi apresentado pelo Professor Bernardo Quintela, na sua comunicação "Estuário do Tejo à Hora de Ponta (piscícola)", durante o Workshop "Do Estuário do Tejo ao Canhão de Lisboa: conhecer para valorizar", realizado no auditório do IPMA, em Lisboa, em 22 de junho de 2021, podem ser perniciosas, ou seja, podem ter um efeito contrário ao desejado. Se esta solução fosse implementada iria onerar a larga maioria dos marítimos que no essencial cumprem as regras, aliás, podia colocar em causa o equilíbrio social e a sustentabilidade económica das comunidades piscatórias, e em nada contribuía para fazer cessar a utilização irregular das redes de um pano, alteradas para a forma de cerco, fazendo paredes com vários metros de altura, essas sim, responsáveis pela captura de parte significativa dos reprodutores, que continuam impunemente a predar os recursos. É por isso uma solução injusta, e podia levar os marítimos cumpridores a ponderarem enveredar pelo caminho do incumprimento, dilatando de forma significativa o número de companhas ao cerco da corvina, o que se traduziria no aumento da predação, o que é contrário ao desejado (porque nessa situação, aos já ilegais juntavam-se outros até então legais, seria trágico). Não é uma hipótese, vários eventos ao longo da história da pesca confirmam que esta é a reação típica dos marítimos do Tejo para normas iliberais análogas. Nem a força dissuasora da fiscalização conseguiria cessar a ilicitude, como agora não consegue, porque as autoridades são inflexíveis e muito previsíveis na forma de operar, permitindo aos prevaricadores vigiar os seus movimentos (literalmente), para andarem sempre um passo à sua frente. Por cada ilicitude sancionada, ficam mais de 30 por sancionar, pelo que a solução tem sempre que envolver os marítimos, não deve ser unilateral. Para o defeso ser uma solução, teria de ter o consenso dos marítimos, o que se afigura muito difícil, porque o período ideal para o defeso é previsivelmente coincidente com os principais meses da captura da corvina (entre março e maio). A interdição da operação com redes de um pano em determinadas zonas de pesca, nomeadamente a reserva de determinadas zonas onde é maior a concentração de juvenis, e, simultaneamente, intensificar a fiscalização nessas zonas, ainda seria o caminho mais fácil tendo em vista obter consensos.

A ideia da proibição absoluta do uso de redes no estuário do rio Tejo na pesca dirigida à corvina-legítima, também defendida na referida comunicação, é ainda mais perniciosa, e não é operacionalizável. A operação com redes de um pano no Tejo é hoje uma realidade porque de longa data aqui se captura corvina, faz parte da história e tradição de várias comunidades piscatórias, algumas das quais com tradição absoluta em pesca com estas redes, como no caso do Montijo, onde os marítimos nem sequer têm conhecimento para operar com outras artes, nomeadamente os anzóis. A restrição da operação só se poderia fazer após avaliadas as perdas face à comparação com os desembarques realizados nos anos anteriores, para compensação dos proprietários, o que só por aí se percebe que não é viável. Para além disso, esta atividade exercida legalmente tem vindo a desenvolver-se cada vez mais através de embarcações tripuladas por apenas um marítimo, o que já representa 26,72% da frota, que na maior parte das vezes é o proprietário e armador, e exerce a bordo as funções de arrais (e também de pescador, faz tudo a bordo). O que só é possível porque operam com redes e têm a ajuda do alador mecânico, motivo pelo qual o designam de "camarada". A operação com aparelho de anzol, por ser mais perigosa, geralmente é feita com dois tripulantes a bordo, um no governo da embarcação, outro na operação da arte. O condicionamento da operação com redes é, por isso, um condicionamento sério ao desenvolvimento de uma parte significativa da atividade. Portanto, a proibição absoluta de redes no Tejo teria um profundo impacto socioeconómico em todas as comunidades piscatórias, mais numas do que noutras, naturalmente, também na produção de riqueza, quer nas comunidades locais, quer a nível nacional, porque é uma atividade que gera milhares de euros, e ainda, na cultura local, porque rompia com uma tradição de séculos.

A outra alternativa, que é a sugerida, restringir a operação com redes de um pano apenas para capturar corvina, não produziria efeitos práticos, porque os marítimos muito provavelmente iam utilizar a arte dirigida à corvina, e, caso fossem fiscalizados, diriam tratar-se de uma espécie acessória. Bastava fazerem o que já fazem com o arrasto de vara, que é previsto ser utilizado para captura do camarão, mas é maioritariamente utilizado para captura de enguias, chocos, linguados e caranguejos. É por isso uma solução demasiado radical, desajustada e desproporcional, que teria a forte contestação da população piscatória que opera e sempre operou com redes, que ainda é a maioria, e geraria um clima de repulsa e resistência que impediria qualquer solução negocial posterior, com base consensual. Uma solução sem base consensual, no essencial não é, nem aceite, nem cumprida. É mais eficaz, mais justo, e seguramente mais consensual, a determinação de uma quota anual de captura de corvina-legítima, por embarcação, em função do número de tripulantes que regularmente estão inscritos no rol de tripulação (para evitar que sejam inscritos apenas para a campanha da corvina, como agora acontece), quer na operação na zona do estuário do rio Tejo, quer na operação na zona de entrecabos. Embora tal ação tivesse como consequência o aumento da fuga à lota, seria sempre menos prejudicial, porque é mais difícil comercializar toneladas de corvina no mercado paralelo.

A ideia da cogestão, também defendida na referida comunicação, é central a toda esta problemática, e faz todo o sentido que seja dirigida em particular a esta espécie por envolver duas zonas de pesca distintas, a pesca nas águas interiores não marítimas do estuário do rio Tejo, e a pesca em águas marítimas delimitadas pela linha invisível entre os cabos Espichel e da Roca, como acontece com o polvo, a segunda espécie mais relevante para a sustentabilidade económica das comunidades piscatórias do estuário do rio

Tejo, também do Barreiro, para a qual defendemos um sistema de gestão semelhante. Esta solução permite gerir os recursos com base em medidas previamente negociadas com os marítimos, o que é muito importante para que cumpram as regras, como abordaremos a seguir.

Importa notar que, não obstante as opções que forem seguidas pela tutela, em situação de redução do esforço de pesca, mas mantendo a frota, por exemplo, reduzindo o tempo de pesca ou as artes que cada embarcação pode utilizar, devem previamente ser realizados estudos de rentabilidade anual de cada embarcação, a fim de determinar o limiar da atividade mínima para que a exploração seja rentável. Da mesma forma, em situação de redução de capacidade, devem ser previamente estudadas e calculadas as repercussões socioeconómicas para os proprietários afetados.

O quarto aspeto é, na sequência do referido, a gestão integrada da pesca no estuário do rio Tejo, interligada com a gestão especial das pescarias do polvo-comum e da corvina-legítima, porque são determinantes para a viabilidade económica da atividade.

O estuário do rio Tejo é um berçário para várias espécies de peixes marinhos, uma zona de transição entre o meio marinho e o fluvial para peixes migradores, e comporta zonas de elevada concentração e crescimento de juvenis, o que o torna numa zona estratégica do ponto de vista ecológico e ambiental. Ao mesmo tempo é altamente procurado para a pesca comercial.

Sendo a fauna ictiológica a base da atividade piscatória, isso deveria aumentar a responsabilidade de todos os que dela dependem, mas não poucas vezes são utilizados sistemas de pesca que provocam: (i) a captura de juvenis, como o arrasto de vara e as redes de emalhar de malha de 60 mm, ambos regulares; (ii) a pesca excessiva, como as redes de emalhar de um pano alteradas, utilizadas de forma irregular na modalidade de cerco à corvina-legítima; e (iii) a destruição e alteração dos fundos, como o arrasto de ganchorra a reboque de embarcação motorizada, para captura de amêijoa-japonesa, com consequências evidentes para as potencialidades biológicas.

A solução não deve passar pela interdição total da atividade piscatória como forma de proteção dos recursos, seria lesivo aos interesses da região de Lisboa (por mais que alguns digam o contrário), até porque a pesca tem um peso económico e uma dimensão social não negligenciáveis. A solução passa pela definição de estratégias capazes de conciliar a produção pesqueira com a conservação ambiental e ecológica, e com as demais atividades exercidas no estuário, envolvendo diretamente todos quantos delas dependem, bem como as instituições públicas, cientistas e especialistas, associações de pescadores e associações não governamentais, e o poder local. A participação dos vários interessados nas decisões de planeamento e gestão, a definição de objetivos com base científica, e a valorização e rentabilização do produto da pesca, são as chaves para a relação entre crescimento económico, conservação ambiental, proteção ecológica e preocupação social.

A pesca não pode ser considera "o parente pobre" do conjunto das atividades económicas que se exercem no estuário do Tejo. Não sepode negligenciar que as embarcações taganas com licença de pesca para a zona do estuário do rio Tejo desembarcaram 928.510,10 Kg de pescado que foram comercializados por 4.599.928,49€, durante o ano de 2018, o que é um valor significativo para a economia nacional. Estes dados são referentes aos quantitativos desembarcados na rede de postos de vendagem e lotas exploradas pela Docapesca, não englobam uma percentagem relevante para a economia e estabilização social local, e que não pode ser negligenciada: (i) os desembarques da frota que em 2018 apenas dispunha de licença de pesca para águas marítimas, que é significativa no caso das comunidades da foz, em especial na Fonte da Telha, mas residual nas comunidades a montante; (ii) desvios de pescado para o mercado paralelo (fuga à lota), que serão de todas as espécies, mas mais significativos nas espécies de peixes e de moluscos cefalópodes, e quase totais nas espécies de moluscos bivalves e crustáceos, que são relevantes para a dinamização da economia local; (iii) o pescado que é concedido junto aos portos, aos indivíduos que por aí gravitam para poderem receber "uns peixitos", e o que tem uma grande relevância social (note-se, a esse título, os casos do Seixal e da Trafaria); e (iv) o pescado que os marítimos retiram para a sua alimentação, e da sua família e amigos, que pode ser significativo. É impossível quantificar com rigor este pescado, mas atrevemo-nos a assumir que nunca será inferior a 5 Kg por embarcação, por maré, pelo que, em 2018, apenas nesta base, terá ascendido a mais de 75 mil quilos. São, portanto, valores muito relevantes.

A correta gestão dos principais recursos ictiológicos desta zona de pesca, nos termos acima enunciados, passa pela adoção de um modelo de cogestão para a pesca nas águas interiores não marítimas do estuário do rio Tejo, excetuando as duas principais pescarias, a do polvo-comum e da corvina-legítima, porque abrangem duas zonas de pesca (águas marítimas da zona de entrecabos e águas interiores não marítimas do rio Tejo) e devem ser geridas individualmente por modelo de cogestão específico, o que tem enquadramento no novo regime jurídico do exercício da atividade profissional da pesca comercial marítima, aprovado pelo Decreto-Lei n.º 73/2020, de 23 de setembro, que já referimos.

Só desta forma se pode alcançar progressos positivos nas diversas áreas que atualmente são críticas ao desenvolvimento desta atividade, que são: a necessidade de rever o regulamento de pesca de forma a adequar as artes de pesca, as suas características técnicas e as formas de operação, às necessidades atuais (domínio das Associações de Pescadores, do Sindicato Livre dos Pescadores e Profissões Afins, dos cientistas e da DGRM); a necessidade de conter a utilização de artes de pesca daninhas no estuário, nomeadamente as redes de um pano alteradas para capturar corvina através do cerco, e a ganchorra a reboque de embarcação motorizada para captura de amêijoa-japonesa (domínio da Capitania do Porto de Lisboa, por via da Polícia Marítima, da Unidade de Controlo Costeiro, da Docapesca, da DGRM, da comunidade científica, dos especialistas, das organizações não governamentais, das várias Câmaras Municipais, em razão da área territorial, do Serviço de Estrangeiros e Fronteiras, da Autoridade das Condições do Trabalho e da Segurança Social); a necessidade urgente de elaborar um plano único de infraestruturas de apoio à pesca na foz do rio Tejo, centrado em torno de um porto de pesca ou de um abrigo, para fazer face à desocupação definitiva de Pedrouços, que está para muito breve, e que responda às necessidades das embarcações locais e das embarcações costeiras que frequentemente aqui procuram abrigo, uma vez que não existe qualquer outro porto de abrigo entre a Ericeira e Setúbal (domínio da Administração do Porto de Lisboa, Capitania do Porto de Lisboa, Docapesca, Câmaras Municipais de Almada, Oeiras e Lisboa, e membro do Governo responsável pela área do mar); a necessidade de estudar a viabilidade económica da exploração da medusa-do-Tejo, que constitui um defeso natural à pesca com redes (domínio do Instituto Português do Mar e da Atmosfera); a necessidade de clarificação legal do conceito de porto de desembarque, de forma a que seja permitido aos marítimos das comunidades mais a montante transportar o pescado à lota por terra, devidamente acondicionado, sem que sejam autuados e que o peixe seja apreendido (domínio das Associações de Pescadores, da Docapesca e da Unidade de Controlo Costeiro, vulgarmente conhecida como Guarda Fiscal); e a necessidade de erradicar o individualismo egoísta que reina entre marítimos e entre comunidades piscatórias, orientando a sua ação para o princípio da máxima colaboração mútua (domínio individual de todos os marítimos, das várias Associações de Pesca e do Sindicato Livre dos Pescadores e Profissões Afins).

A constituição de um comité para a gestão desta zona de pesca, composto pelos representantes das instituições que identificámos anteriormente, e a determinação de instrumentos de gestão partilhada dos recursos vivos e dos meios necessários à sua captura e aproveitamento económico, é fundamental para que a situação da atividade não se deteriore a um ponto de não retorno.

O projeto deve ser liderado por uma associação de pescadores, ou pelo sindicato de pesca com maior incidência local, o objetivo é o aumento dos rendimentos (quanto maior o rendimento menos a pressão sobre os recursos), e para além das instituições atrás referidas, deve envolver as comunidades locais na gestão do seu território para que se consiga uma maior corresponsabilização pela tomada de decisão. Deve utilizar-se a metodologia do *"bottom-up"*, e não do *"top-bottom"*.

No que se refere à gestão das pescarias do polvo-comum e da corvina-legítima, que, como referimos, devem ser geridas individualmente por modelo de cogestão específico, importa notar que já vigora há vários anos um defeso para o polvo-comum no estuário, o único que se conhece em Portugal. Todavia, é absolutamente ineficaz.

A pesca do polvo-comum na foz do estuário do rio Tejo, com as artes de piteira e de covos de classe de malhagem 30 mm a 50 mm, é determinante à sustentabilidade económica de um grande número de marítimos, especialmente das comunidades piscatórias dos vários concelhos ribeirinhos, bem como a um número ainda mais expressivo de pescadores lúdicos. No quadro da pesca profissional do Tejo, o polvo é uma espécie central, tem embarcações que lhe dirigem a pesca ao longo de todo o ano, com exceção do período de defeso, mas ao mesmo tempo é também uma espécie de recurso aos demais marítimos, que equilibra o rendimento quando a pesca com as demais artes deixa de ser interessante.

A interdição da captura de polvo durante os meses de julho e agosto, prevista no n.º 3 do art.º 7.º da Portaria n.º 85/2011, de 25 de fevereiro, apenas nas águas interiores não marítimas do rio Tejo, está por provar que traga benefícios. Importa referir que esta medida foi tomada sem suporte em qualquer estudo científico, que se conheça.

O polvo é regularmente capturado em duas zonas contíguas: em águas marítimas, na zona de entrecabos (Espichel e Roca), pelas comunidades piscatórias da Fonte da Telha e de Cascais, em especial por esta última, que faz do polvo a sua principal pescaria e tem uma extraordinária capacidade de captura, e nas águas interiores não marítimas do estuário do rio Tejo, entre a Ponte 25 de Abril e o Bugio, pelos marítimos das comunidades piscatórias do rio Tejo, sendo que, muitos destes, em simultâneo, têm licenças de pesca para as águas interiores não marítimas do rio Tejo e para águas marítimas.

Por aqui se percebe que o defeso do polvo, tal como está estruturado, não faz sentido, porque durante a interdição temporária da pesca nas águas interiores não marítimas do rio Tejo, continua a operação nas águas marítimas da zona de entrecabos, quer pelos marítimos que aí operam com regularidade, quer pelos que operam regularmente no rio Tejo, e que têm licença de pesca para ambas as zonas de pesca. A sua exploração nunca é verdadeiramente interrompida, e, sobretudo, nunca é interrompida na zona onde teria obrigatoriamente de ser interrompida para qualquer defeso desta espécie fazer sentido, porque a circulação do polvo faz-se das águas marítimas para as águas interiores, na procura de alimento (caranguejos, moluscos e peixes), e acaba por ser capturado antes de lá chegar.

Por esse motivo, os marítimos que governam as embarcações entendem que o defeso é ineficaz, e que deveria acabar e ser substituído por um sistema de controlo, para ambas as zonas de pesca, do que cada barco pode capturar por dia em função do número de tripulantes matriculados (uma quota por cada tripulante). Para além disso, a definição de uma data fixa para o defeso, sem qualquer estudo científico que a suporte, como é o caso, não é o mais adequado para a conservação e gestão sustentável do recurso, e condiciona a atividade, porque se têm vindo a registar variações no período de captura (entre 30 e 60 dias) que têm vindo fazer coincidir alturas de boas pescas no período do defeso. Neste caso, a data deveria ser fixada anualmente, em função da disponibilidade da espécie, a avaliar pelo Instituto Português do Mar e da Atmosfera (IPMA), devido à grande variabilidade. No ano de 2018, por exemplo, a melhor data para o defeso do polvo teria sido o mês de janeiro (inverno), que foi quando se capturou o polvo mais pequeno.

Existe uma outra alternativa para a gestão da pescaria do polvo-comum que permite ultrapassar, eventualmente até melhor, os problemas da disfuncionalidade do atual defeso do polvo (a delimitação do espaço não abrange a zona de entrecabos e o período em causa não é validado anualmente pelos cientistas), que é a sua substituição por um modelo de cogestão, mais abrangente, com órgãos participativos (comités) que envolvam as comunidades locais na tomada de decisão.

Faz todo o sentido, e é viável, a constituição de um comité que permita o envolvimento direto das comunidades locais num projeto de cogestão, por exemplo, o "PolvoENVOLVE", para ser aplicado à pescaria do polvo nas águas interiores não marítimas do rio Tejo e nas águas marítimas entre as linhas de fecho natural da embocadura do rio Tejo e as linhas de base retas entre o Cabo da Roca e o Cabo Espichel (zona de entrecabos), com as seguintes medidas de conservação e gestão sustentável do recurso: (i) repartição das possibilidades de pesca e definição de limites de captura entre as duas zonas de pesca, com controlo do número de artes por embarcação; (ii) controlo do tamanho mínimo de referência de conservação, por ser efetivamente um problema a captura do polvo abaixo das 0,75 Kg, de forma a que todos os exemplares inferiores a esse peso sejam imediatamente devolvidos ao mar, não podendo ser mantidos a bordo, transbordados, desembarcados, transportados, armazenados, expostos, colocados à venda ou vendidos, sob pena de aplicação de coimas pesadas, dissuasoras do ilícito; e (iii) planos plurianuais e de gestão, adotados com base em pareceres científicos, com o objetivo de que o período do defeso seja cumprido de forma a favorecer o mais possível o equilibro biológico da espécie, e desta forma as unidades populacionais possam se manter acima dos níveis capazes de produzir o rendimento máximo sustentável (o que implica níveis de referência e regras de exploração, assim como a respetiva monitorização, avaliação da eficácia e regras para a sua revisão e adaptação).

Esta é a melhor forma de aumentar os stocks e os rendimentos (quanto maior o rendimento menor a pressão sobre os recursos), e ainda permite de forma eficiente adaptar a cada momento o esforço de pesca ao estado do recurso (quanto mais ciência, maior conhecimento para uma melhor gestão do recurso).

O comité deve ser constituído pelas associações de pescadores (são onze), pelo Sindicato Livre dos Pescadores e Profissões Afins, o mais representativo nesta zona, e pelos cientistas, especialistas, organizações não governamentais, e entidades da Administração Pública e do poder local, com grande foco nas comunidades locais, para que se envolvam na gestão do seu território, e para que se consiga uma maior corresponsabilização pela tomada de decisão, já que, como sabemos, é muito intenso o individualismo egoísta que reina entre os marítimos nestas zonas de pesca. O Instituto Português do Mar e da

Atmosfera, I.P., em parceria com o MARE - Centro de Ciências do Mar e do Ambiente, pela competência técnica e científica, e pela proximidade, deveria liderar o projeto, até porque poderia promover outros projetos, também necessários, como a viabilidade da exploração da medusa-do-Tejo. A implementação do projeto teria custos, que facilmente seriam suportados no quadro do programa Mar2020 (ou outro posterior), tendo o IPMA competência para elaborar o projeto e submetê-lo a financiamento.

O primeiro e mais importante objetivo do projeto seria a união dos marítimos na gestão partilhada do recurso, o que implicaria envolver cerca de 520 marítimos que se dedicam quotidianamente a esta pesca em ambas as zonas. Bastava este objetivo ser alcançado, para se permitir dizer que o projeto foi bem-sucedido, porque se tinha ultrapassado o modelo atual, centrado no individualismo egoísta, e se tinha avançado para a máxima colaboração mútua. O objetivo seguinte era a implementação de um defeso em toda a zona, sempre fundamentado com base científica para que os períodos de suspensão da atividade fossem posteriormente rentabilizados com a maior disponibilidade biológica da espécie, a gestão assertiva do número de artes caladas no mar, melhoramento da fiscalização das medidas implementadas, e formas de valorização do recurso.

A execução bem-sucedida deste projeto tornaria mais fácil um eventual processo subsequente de certificação de origem controlada da espécie, porque se garante que as unidades populacionais, nesta zona geograficamente delimitada, se mantêm acima dos níveis capazes de produzir o rendimento máximo sustentável, que os marítimos cumprem um conjunto de regras consignadas pelo comité de gestão, e que a atividade é sustentável e decorre sem impactes significativos no meio marinho. Ou seja, abre portas a uma série de iniciativas que podem dinamizar a comercialização local, regional, nacional e internacional deste polvo, melhor forma de valorizar o recurso.

A gestão da pesca à corvina-legítima justifica um sistema análogo de cogestão, por exemplo, o "CorvinaENVOLVE", nos mesmos moldes do referido para o polvo-comum, apenas ajustando as referidas medidas de conservação e gestão sustentável do recurso, por exemplo, acrescentando a atribuição de quotas por embarcação em função do número de marítimos matriculados, se necessário e com base em pareceres científicos, para ser mais justo e equitativo, e, ao mesmo tempo, promover a inscrição marítima (emprego de pescadores). Naturalmente, ambos os sistemas de cogestão, para o polvo e para a corvina, têm de encaixar no sistema de cogestão das pescarias do estuário do rio Tejo.

Um último aspeto muito relevante, é a falta de um plano de gestão para a captura da amêijoa-japonesa.

A captura da amêijoa-japonesa nas zonas mais a montante do estuário, por arrasto de ganchorra a reboque de embarcação motorizada, tornou-se mais intensa após ter deixado de ser rentável a extração de amêijoa-macha na zona da foz (início da década de 2010), o que de certa forma constituiu uma alternativa para a frota da amêijoa-macha.

Desde esse momento que a sua captura tem sido exponenciada, quer em meios de ação, quer em meios humanos, tendo-se tornado uma autêntica pandemia regional, à escala do Tejo, com maior incidência no território alcochetano, e com várias consequências negativas: auxílio à imigração ilegal da Europa de Leste e Asiática (que vivem em condições desumanas), exploração laboral (com situações de potencial escravatura humana), aumento de furtos e da criminalidade, furto de pescado e malfeitorias em artes de pesca caladas, danos nas infraestruturas de apoio à pesca em terra, danos ambientais e ecológicos, poluição terrestre (criação de lixeiras e fossas a céu aberto) e marinha (abandono de sacos de plástico, luvas de látex, garrafas de plástico e vidro, latas de bebidas e conservas, e pilhas da lanternas que trazem na cabeça durante a noite), degradação do espaço público e vandalização de equipamentos púbicos nas zonas de entrada no estuário, associação criminosa, fraude fiscal qualificada, falsificação de documentos, branqueamento de capitais, circulação de contrabando, laivos de atentados ao pudor, e potencial ameaça à saúde pública, porque em algumas zonas existe contaminação do fundo marinho por metais e metaloides tóxicos, tais como zinco, arsénio, mercúrio, chumbo e níquel. É uma atividade com potencial de rentabilidade para as populações ribeirinhas, mas pela forma descontrolada como está a ocorrer está a provocar um profundo impacto negativo.

O poder político, de forma reativa, devido à enorme pressão da opinião pública e dos autarcas do Arco Ribeirinho Sul do Estuário do rio Tejo, respondeu ao problema através do projeto "BIVALOR - Criação de infraestrutura de Depósito, Transformação e Valorização dos Bivalves do Estuário do Tejo", que decorreu entre 1 de setembro de 2017 e 31 de dezembro de 2018. Este projeto tinha como objetivos, entre outros, promover a regulação da atividade de apanha de bivalves no Estuário do

Tejo, assegurar a sustentabilidade das comunidades ribeirinhas, a valorização económica dos bivalves, e proteger a saúde pública, e culminou com a assinatura do auto de consignação da infraestrutura, em 22 de fevereiro de 2019.

Era agora possível avançar com a construção da infraestrutura, principal estratégia para lidar com o flagelo, numa parcela do domínio público sob jurisdição da APL, nos territórios da antiga CUF no Barreiro, cedida ao IPMA pelo prazo de dez anos, com três módulos fundamentais: depósito de bivalves vivos, unidade de transformação e sistema de valorização dos bivalves do Estuário do Tejo, incluindo uma unidade de depuração.

Enquanto a infraestrutura permitia organizar o depósito e transformação de bivalves do Rio Tejo, assegurando a necessária segurança alimentar, ao mesmo tempo regulava-se a apanha e a comercialização da amêijoa-japonesa, em condições de adequada salubridade.

Previa-se serem necessários cinco meses para concretizar a obra, mas já com as máquinas no terreno foram levantadas dúvidas sobre a capacidade dos terrenos em suportar a carga da infraestrutura, e, de forma preventiva, foram solicitados estudos geotécnicos ao LNEC, que concluíram que para a obra se realizar neste local era necessário reforçar significativamente a estacaria, o que encarecia significativamente a obra, ou, em alternativa, teria de ser encontrado outro local.

Atualmente, mais de uma década depois do início da exploração intensiva do recurso, a situação mantém-se no essencial sem resolução, e as entidades com competência para fiscalizar continuam a adotar a estratégia de sempre, a serem permissivas e tolerantes com a justificação de que "mais vale ter essas pessoas na água, a apanhar amêijoa, do que a provocar desacatos em terra". O que é errado, porque não é possível gerir os recursos, de forma responsável, sem penalizar práticas oportunistas e comportamentos ilegais.

Construir esta infraestrutura, regular a atividade e aumentar a fiscalização sobre a apanha da amêijoa, eventualmente com auxílio de um drone (aeronave não tripulada), são ações com impacto no futuro da pesca comercial, porque uma grande parte desta frota também se dedica à apanha da amêijoa-japonesa em períodos de menor rentabilidade da pesca, produto que acaba vendido no mercado paralelo por a atividade ser ilícita. Importa salientar que se a frota avieira é hoje relativamente recente, e entre os marítimos se encontram meia dúzia de jovens, tal se deve em exclusivo à apanha da amêijoa. Devidamente regulada e fiscalizada a apanha da amêijoa-japonesa, não só contribui como um importante complemento à pesca comercial, como suaviza aquele que é hoje o principal foco de conflito no Tejo: a disputa do espaço de pesca.

Atualmente, os furtivos (pescadores e não pescadores) não se inibem de arrastar com a ganchorra nos locais onde estão artes caladas, gerando grande prejuízo aos marítimos e causando um forte dano ambiental, uma vez que essas artes de pesca perdidas promovem a captura contínua de espécies alvo e não-alvo, a conhecida "pesca fantasma", contribuindo para o depauperamento dos recursos haliêuticos.

A regulação da atividade a par de uma intensa fiscalização é essencial para suprimir as atuais redes de auxílio à imigração ilegal, mitigar a exploração laboral, reduzir a criminalidade e os furtos, os danos ambientais e ecológicos, mitigar a fraude fiscal, o branqueamento de capitais e a circulação de contrabando, enquanto se dinamiza a pesca comercial e se garante a necessária segurança alimentar. Mas não nos iludamos, a rentabilidade da amêijoa-japonesa vai sempre depender da qualidade da água, pelo que é necessário continuar a investir em soluções que mitiguem a poluição da água do Tejo. Em especial, é essencial fiscalizar e sancionar fortemente focos de poluição recorrentes de proveniência agropecuária e industrial, corrigir o insuficiente tratamento das águas residuais urbanas e adotar estratégias para lidar com a herança ambiental da atividade industrial de décadas nas margens ribeirinhas do estuário.

5.3. AO NÍVEL DA POLUIÇÃO AMBIENTAL PELA AÇÃO ANTRÓPICA E EFEITOS DAS ALTERAÇÕES CLIMÁTICAS, COMO CONDICIONANTE À VIABILIDADE DO SETOR.

A vida marinha e estuarina corre o risco de sofrer danos irreparáveis em decorrência das toneladas de resíduos de plástico que vão parar ao estuário todos os anos, o que constitui uma ameaça direta à pesca comercial, porque esses resíduos são sempre transferidos para o final da cadeia alimentar, onde pontifica o Ser Humano.

Desta forma, a primeira ação deve passar por intervir no plástico, nas suas pluriformas, porque se for deixado acumular acabará por afetar os ecossistemas e a saúde humana e, inevitavelmente, as atividades económicas e a economia. Resolver este problema requer uma combinação de fechar as fontes poluidoras e, simultaneamente, proceder à limpeza do que já se acumulou, e do que venha a acumular, no habitat sedimentar e em terra.

Ao nível da primeira premissa já foram dados passos significativos, sendo de destacar a Diretiva (UE) 2019/904 do Parlamento Europeu e do Conselho, de 5 de junho de 2019, que estabelece uma redução quantitativa mensurável do consumo dos produtos de plástico de utilização única, o chamado plástico descartável, até 2026, na União Europeia.

Se a primeira premissa é difícil de empreender, e já foram feitos avanços, a segunda, que apenas depende da nossa agência, revela-se imperativa, mesmo que apenas implique remoção de macro/mesoplásticos. Neste âmbito, deve ser equacionada a possibilidade de as drenagens pluviais serem crivadas em rede de malha e enviadas para bacias de retenção previamente à descarga no estuário.

A segunda ação a ser empreendida passa por intervir nas estações de tratamento de águas residuais (ETAR) urbanas, de forma a aumentar a fiabilidade do tratamento, e na construção de novas ETAR´s nos territórios onde existem águas residuais a serem descarregadas sem prévio tratamento, de forma a garantir que a totalidade das águas residuais enviada ao meio recetor cumprem os necessários padrões de qualidade e segurança.

Não podemos ignorar que a capacidade de retenção de sedimentos está dependente da velocidade das correntes, dos regimes cíclicos de maré e da morfologia do local. Quanto mais vasoso o sedimento, maior é a acumulação de materiais finos. A área sedimentar ao redor do concelho do Barreiro é maioritariamente constituída por sedimentos vasosos ou areia vasosa criando condições para uma maior concentração de lixo plástico.

Por outro lado, devido aos sistemas de drenagem de águas pluviais, que não são encaminhadas para a ETAR da Simarsul, serem separativos, são despejadas nos esteiros várias toneladas anuais de lixo plástico (nos seus diferentes formatos), nomeadamente no esteiro do Coina onde estão situados três grandes emissores.[39] Saliente-se que, mesmo a ETAR da Simarsul Barreiro/Moita, em funcionamento desde 2011, não tem capacidade absoluta de depuração de microfibras (resultantes dos processos de lavagem mecânica do vestuário doméstico).

Numa outra vertente, mais pedagógica, devem as autarquias ribeirinhas, e não só a do Barreiro, envidar esforços na mitigação do problema, porque a potencial catástrofe de saúde pública atingirá as populações expostas. Devem, desde logo, reforçar a aposta em programas de cidadania ativa, porque o que está em jogo é o bem comum, e ainda, devem proceder a ações de comunicação ambiental junto das comunidades piscatórias e demais intervenientes em atividades marítimas, e do grande público de modo a alterar comportamentos individuais.

Não podemos deixar de alertar que o termo ecossistema tem vindo a ser repetido até à exaustão, o que pode levar à sua menorização, e isso seria trágico. Convém não esquecer que são os ecossistemas que, entre outros serviços, nos fornecem o que comemos e bebemos, e, como tal, convém que apresentem um nível saudável o mais elevado possível. A este respeito e segundo o World Wild Fund (WWW), se o cenário de degradação do capital natural não se alterar, as perdas para a economia mundial em 2050 serão superiores a 10 mil biliões de dólares (Roxburgh *et al.*, 2020).

A emergência da situação ambiental só tem paralelo com a emergência climática e, como tal, deve ser alvo de preocupações equivalentes por parte da comunidade, cujas formas de mitigação/adaptação/resolução devem ser para hoje, e não deixar para amanhã.

A queima continuada de combustíveis fósseis desde, sobretudo, o advento da revolução Industrial em finais do séc. XVIII, princípios do XIX, levará inevitavelemnte (mesmo que a libertação de Gases com Efeito de

---

[39] Para maior detalhe acerca desta problemática, consultar Moreira (2021).

Estufa – GEE – caísse ontem para zero), à subida dos níveis médios do mar, a acontecimentos climáticos extremos e a um contínuo aquecimento climático – a degradação do Sistema Terrestre.

À medida que a temperatura do ar aumenta a água da superfície dos oceanos aquece e expande-se, sendo que os oceanos estão a receber cada vez mais água proveniente dos degelos das calotas polares. É, portanto, expectável que o nível do mar suba, ameaçando cidades costeiras, deltas e regiões de transição incluindo áreas lacustres.

Independentemente do valor dessa subida, é dado como certo que toda a bacia hidrográfica do Tejo vai sofrer profundamente os impactos negativos dessa subida. A Climate Central publicou uma ferramenta que simula a magnitude destes efeitos em diferentes cenários, prevendo que em 2050 o Mexilhoeiro, Verderena e Lavradio estejam em alto risco de submersão, como se observa na figura a seguir.

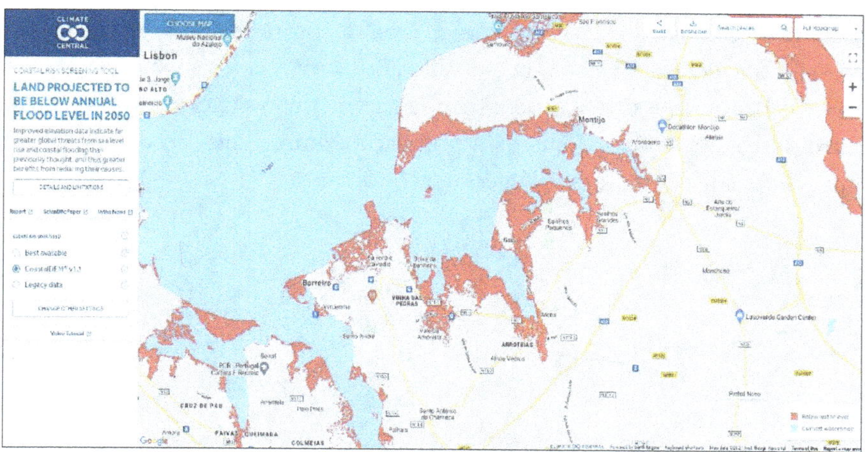

FIGURA 31 | Zonas submersas na bacia hidrográfica do Tejo (a vermelho). Mexilhoeiro, Verderena e Lavradio são zonas em alto risco de submersão.
Fonte: Climate Central. Simulação ano de 2050.

As preocupações não se devem limitar aos efeitos da subida do mar. A acidificação dos oceanos resultante da dissolução do CO_2 atmosférico na superfície das águas deve ser outra preocupação a merecer a nossa atenção. Os oceanos já absorveram cerca de 1/3 do CO_2 resultante das atividades antropogénicas (Lewis & Maslin, 2018) e encontram-se perto do limite da saturação de acidez com o PH a tornar-se mais ácido, o que se constata pelo surgimento de zonas mortas oceânicas em que a concentração de O_2 diminui para valores que não permitem a manutenção dos ecossistemas marinhos e das espécies que neles habitam.

Outra preocupação a ter em consideração é o aumento das descargas de nutrientes nas águaas estuarinas, principalmente azoto e fósforo provenienetes dos fertilizantes sintéticos usados na agricultura (principalmente na intensiva) cuja escorrência atinge o meio aquático e que provocam o fenómeno designado por eutrofização, que origina o processo de crescimento descontrolado da população de algas e de medusas, as quais prosperam em águas quentes desoxigenadas, e são um verdadeiro obstáculo à realização da pesca comercial. Importa notar que, quase todos os anos, a pesca com redes é suspensa no estuário do rio Tejo devido à forte presença de medusa-do-tejo (*Catostylus tagi*).

Perante este cenário ameaçador, quais os métodos de adaptação e estratégias de mitigação a adotar? Não sendo este o local certo para formular políticas de ação, resta-nos esperar que a proteção dos serviços do ecossistema do rio Tejo sejam considerados ativos a proteger porque, os serviços de um ecossistema apenas verdadeiramente o são quando fornecem, entre outros, benefícios líquidos à população: ambientais, desde logo, mas igualmente sociais, culturais, lúdicos e económicos.

6. BILIOGRAFIA

ALVES, Horácio Ferreira. **A Vila do Barreiro: ensaio para servir de subsídio a sua história**. Barreiro: Horácio Ferreira Alves, 1940. Disponível em: <http://biblioteca.cmbarreiro.pt/BiblioNET/Upload/A_Vila_do_Barreiro_H oracio%20Alves.pdf>. Acedido em 12Nov2022.

CÂNCIO, Francisco. **Subsídios para a História Económica do Ribatejo. Com o alto patrocínio da Junta de Província do Ribatejo**. Ribatejo: Imprensa Baroeth, 1944.

CUNHA, Vera de Almeida Cardoso. **Redução do teor de contaminantes químicos em bivalves provenientes do estuário do Tejo**. Dissertação para a obtenção do Grau de Mestre em Engenharia Alimentar apresentada ao Instituto Superior de Agronomia da Universiadde Técnica de Lisboa, 2012. Disponível em: < https://www.repository.utl.pt/bitstream/10400.5/5326/1/final%20tese%201 %20%281%29.pdf>. Acedido em 21Nov2022.

DSCP (DIRECÇÃO DOS SERVIÇOS DE CONTROLE DE POLUIÇÃO). **Poluição do Estuário do Tejo. Elementos para o seu estudo I. Identificação dos efluentes poluidores que afluem ao estuário e estimativa das suas cargas. Proc. DSCP – 31/R-T. Estudos de Poluição de Cursos de Água n.º 17**. Lisboa: M.H.O.P. / Direcção-Geral dos Recursos e Aproveitamentos Hidráulicos / Direcção dos Serviços de Controle de Poluição, 1977/78.

GONÇALVES, Ana Catarina Serra. **Ocorrência de microplásticos em zonas intermareais e sua relação com variáveis ambientais**. Dissertação para a obtenção do Grau de Mestre em Biologia da Conservação apresentada à Faculdade de Ciências da Universiadde de Lisboa, 2016. Disponível em: <https://repositorio.ul.pt/bitstream/10451/23082/1/ulfc117373_tm_Ana_Ca tarina_Gon%C3%A7alves.pdf>. Acedido em 22Nov2022.

GONÇALVES, Fernando; VALEGAS, Augusto Pereira. "Naufrágios fora da Barra e no Rio Tejo". **Um Olhar Sobre o Barreiro**. Editor: Augusto Pereira Valegas. N.º 1, III Série, novembro de 1992, p. 19-22. Depósito Legal n.º 61568/92.

LEWIS, Simon L.; MASLIN, Mark A.. **The Human Planet. How we created the Antrophocene**. New Haven e London: Yale University Press, 2018. ISBN: 978-0274760688.

LIMA, Marinús Pires. Notas para uma história da organização racional do trabalho em Portugal (1900-80) -alguns resultados preliminares de uma investigação em curso. **Análise Social** (ISSN: 0003-2573). Vol. XXVIII (3.º, 4.º e 5.º), 1982 (n.os 72-73-74), p. 1299-1366. Disponível em: <http://analisesocial.ics.ul.pt/documentos/1223461146L6yXC1qi1Rn67IK7.pdf>. Acedido em 27Nov2022.

MOREIRA, Paulo Pires. **As opções para a localização do novo Terminal de Contentores do Porto de Lisboa. Anteprojecto sobre a viabilidade de um Terminal de Contentores no Barreiro. Contributo para a Reconversão de uma Zona Industrial deprimida e factor de Desenvolvimento e de Sustentabilidade**. MPRA [Munich Personal RePEc Archive] Paper 53660, University Library of Munich, Germany, 14 de fevereiro de 2014. Disponível em: <https://mpra.ub.uni-muenchen.de/53660/1/MPRA_paper_53660.pdf>. Acedido em 24Nov2022.

MOREIRA, Paulo Pires. **Quantification of plastic litter from wastewater and rainwater emissaries into the Tagus estuary: a hotspot area identification and analysis**. 2021. Disponível em: <https://www.researchgate.net/publication/362945571_Plastic_litter_from_st ormwater_run-off_in_the_Tagus_estuary_a_hotspot_area_identification>. Acedido em 28Nov2022.

NABAIS, António José C. Maia. "Barreiro e os Descobrimentos". **Um Olhar Sobre o Barreiro**. Editor: Augusto Pereira Valegas. N.º 1, II Série, junho de 1989, p. 3-14. Depósito Legal n.º 61568/92.

RAGUSA, Antonio *et al*. **First evidence of microplastics in human placenta**. Environment International. Volume 146. January 2021. https://doi.org/10.1016/j.envint.2020.106274

RAGUSA, Antonio *et al*. **Raman Microspectroscopy Detection and Characterization of Microplastics in Human Breastmilk**. Polymers, 2022. https://doi.org/10.3390/polym14132700

REIS, Jaime. A industrialização num país de desenvolvimento lento e tardio: Portugal, 1870-1913. **Análise Social** (ISSN: 0003-2573). Vol. XXIII, n.º 96, 1987 (2.º), p. 207-227. Disponível em: <http://analisesocial.ics.ul.pt/documentos/1223486204E9wNP8ed3Ez05AO7 .pdf>. Acedido em 13Nov2022.

RODRIGUES, Maria João; LIMA, Marinús Pires de. Trabalho, emprego e transformações sociais: trajectórias e dilemas das ciências sociais em Portugal.

Análise Social (ISSN: 0003-2573). Vol. XXIII (1.º), 1987 (n.º 95), p. 119-149. Disponível em: <http://analisesocial.ics.ul.pt/documentos/1223487038F5qQO8ki6Vp06YQ1.pdf>. Acedido em 20Nov2022.

ROXBURGH, T.; ELLIS, K.; JOHNSON, J.A.; BALDOS, U.L.; HERTEL, T.; NOOTENBOOM, C.; POLASKY, S. **Global Futures: Assessing the global economic impacts of environmental change to support policy-making.** Summary report, janeiro de 2020. Disponível em: < https://www.wwf.org.uk/sites/default/files/2020-02/GlobalFutures_SummaryReport.pdf>. Acedido em 23Nov2022.

SANTOS, Marco Pais Neves dos Santos. **Pesca comercial nas águas interiores não marítimas do estuário do Rio Tejo: contributos para o seu melhor conhecimento, melhoria da sustentabilidade socioeconómica e proteção do ambiente estuarino.** Livro I - Tese. Doutoramento em Sustentabilidade Social e Desenvolvimento, Universidade Aberta. 2022a. ISBN: 9798838023179.

SANTOS, Marco Pais Neves dos. **Pesca comercial nas águas interiores não marítimas do estuário do Rio Tejo: contributos para o seu melhor conhecimento, melhoria da sustentabilidade socioeconómica e proteção do ambiente estuarino.** Livro III (Anexo) – Evolução Histórica. Parte 3 - Estado Democrático. Tese de Doutoramento em Sustentabilidade Social e Desenvolvimento, Universidade Aberta. 2022b. ISBN: 9798838419743.

SOARES, Marisa. Projecto-piloto retomará cultivo de ostras no rio Tejo. **Jornal Público** *online*, notícia publicada às 00h00 do dia 8 de fevereiro de 2012. Disponível em: <https://www.publico.pt/2012/02/08/jornal/projectopiloto-retomara-cultivo-de-ostras-no-rio-tejo-23944597>. Acedido em 21Nov2022.

SRIDHARAN, Srinidhi *et al.* Are microplastics destabilizing the global network of terrestrial and aquatic ecosystem services?. **Environmental Research** (ISSN: 0013-9351). Vol. 198, 111243, 2021. DOI: https://doi.org/10.1016/j.envres.2021.111243.

ÍNDICE DE FIGURAS, GRÁFICOS E TABELAS

Índice de figuras

Índice de gráficos

Índice de tabelas

SOBRE OS AUTORES

Marco Pais Neves dos Santos é licenciado em Geografia e Planeamento Regional e em História pela Faculdade de Ciências Sociais e Humanas da Universidade Nova de Lisboa, onde também frequentou os dois primeiros anos da Licenciatura em Antropologia, mestre em Cidadania Ambiental e Participação e doutor em Sustentabilidade Social e Desenvolvimento, pela Universidade Aberta de Portugal. Integra o MARE - Centro de Ciências do Mar e do Ambiente, e desempenha funções de técnico superior na Direção de Licenciamento e Qualificação do Instituto dos Mercados Públicos, do Imobiliário e da Construção, I.P.. É autor de vários artigos e livros e revisor em revistas científicas.

Paulo Pires Moreira é natural do Barreiro, onde sempre residiu, exceptuando alguns anos em que viveu e trabalhou em Antuérpia, Ütrecht e Barcelona. É licenciado em Ciências Sociais, mestre em Economia Portuguesa e Integração Internacional e doutorado em Sustentabilidade Social e Desenvolvimento. É autor de vários artigos científicos sobre o tema da sustentabilidade e ambiente e sobre a indústria marítimo-portuária, tendo sido o vencedor do prestigiado Prémio Ensaio Porto de Sines para o melhor trabalho na área da gestão e economia portuária. É membro do Comité de Global Trends Impacting Transport da Association for European Transport (Londres) desde 2015. É ainda pesquisador independente nas áreas das externalidades provocadas pela poluição dos plásticos nas suas multiformas,da economia circular, mobilidade, estudo das atividades marítimas e portuárias e combustíveis alternativos.

Rui Manuel Lucas Nunes é natural do Montijo, descendente de famílias que viviam exclusivamente da pesca local desde há várias gerações. Cedo e como era apanágio daquela comunidade piscatória começou a descobrir o mundo pelas actividades dos seus familiares na pesca artesanal no estuário do rio Tejo, as suas artes de pesca e respectiva sazonalidade. Concluiu o curso industrial de mecanotecnia e o curso de engenharia de máquinas marítimas, e desenrolou a sua carreira na marinha mercante nacional e no Reino Unido como Chefe de Máquinas. No presente é professor no Ensino Profissional e Diretor do Curso de Mecânica Naval.

Neste trabalho utilizou-se informação e dados da tese de Doutoramento intitulada "Pesca comercial nas águas interiores não marítimas do estuário do Rio Tejo: contributos para o seu melhor conhecimento, melhoria da sustentabilidade socioeconómica e proteção do Ambiente Estuarino", realizada por Marco Pais Neves dos Santos, sob a orientação da Professora Sónia Seixas, investigação apoiada pela Fundação para a Ciência e a Tecnologia através de uma bolsa individual de doutoramento n.º SFRH/BD/115779/2016. O financiamento da bolsa teve proveniência no orçamento nacional e no orçamento comunitário através do Fundo Social Europeu (FSE).